YAMAKAWA SELECTION

江戸城大奥をめざす村の娘

生麦村関口千恵の生涯

大口勇次郎

山川出版社

［カバー写真］

「娘《むすめ》 諸芸《しょげい》 出世《しゅっせ》双六《すごろく》」

（公文教育研究会所蔵）

『山川セレクション　江戸城大奥をめざす村の娘――生麦村関口千恵の生涯』への序文

本書は、二〇一六年に出版された『江戸城大奥をめざす村の娘――生麦村関口千恵の生涯』をもとにしたハンディ版だが、構成を一部変更している。「山川セレクション」版では、内容を生麦村関口家の娘千恵の一生を扱った六つの章とこれを補う序章・終章にしぼり、関連して取り上げた弟享二の少年時代の二つの章は割愛することにした。ただ享二が一一歳から江戸の漢学塾で学んだ経緯は、本書の終章で千恵の江戸におけるお屋敷奉公の生活と比較しながら紹介しているので、その大要を知ることはできよう。

本書では、農家に生まれた一人の女性について、少女時代から六九歳で亡くなるまでの一生を可能なかぎり詳しく追跡することにつとめている。表題にもあるとおり、江戸城大奥で女中奉公を長年勤めるという特別な体験を明らかにすることができた。また農村出身でありながら江戸商家に嫁ぐという経験を経て、その後離婚したのちに改めて武家との縁談話が起こるもこれを断って、最後はまた出身の村に戻っている。身分社会の江戸時代にあって、一生のうちに身分の境界を行き来する経験をしているし、その経緯についてかなり明らかにすることができた。このような関口千恵の一生を知る手掛かりは、千恵本人の書き残したものによるのではなく、実は関口家代々の男性たちによって書き継がれてきた家の記録である「家日記」によって明らかにされてきた点も指摘しておきたい。数少ない女性史の史料の範囲を広げたこととして、今後女性史を書く際の参考になると思われる。

筆者は、長い教員経験のあいだに、しばしば学生から、レポートや卒業論文のテーマを求めて、庶民の生活がわかる史料、特に庶民女性の生き方を知る史料の所在を教えて欲しいという声を聞いてきた。本書は、女性が書いたものではないけれども、家族が記した日記から農村女性のユニークな一生を描き出したものであり、上記の要望を発した学生の皆さんへの一つの答えのつもりでもある。

二〇二〇年、国立歴史民俗博物館では、『性差(ジェンダー)の日本史』と題する企画展示をおこなったが、そこでは江戸時代の政治空間を表すものとして、江戸城の「表と奥」をテーマに扱っていた。その展示の一コマに、村の娘から大奥女中になった千恵の生涯を取り上げて紹介されていた(国立歴史民俗博物館二〇二〇)。千恵の一生に、また一つの光が当てられたこととして、喜ばしいことである。

序章は、千恵の育った生麦村と関口家、そして主な史料となった『関口日記』の概要について述べた。終章では、1節で千恵と享二の姉弟が、十代で各々の人生の出発点となる江戸に出ていく姿を、ジェンダーの視点をこめて比較検討した。2節では、生麦村出身の千恵が江戸城大奥の生活で経験したことを総括した。原書では3節として、武家屋敷をめざす江戸の少女たちの三味線や唄などの遊興ブームと、江戸時代後期の女性のリテラシー向上の関係につい述べていたが、このセレクション版では千恵の経験に即した文章に改めて、２節の末尾に付すことにした。

また本書では、原著から享二を扱った章を割愛したことに対応するため、序章と終章など一部で文章を改めた。巻末の年表、参考文献、地図、表一覧についても、同様な視点から見直して、修正を加えた。

新しい版を起こすにあたって、より手軽に多くの方々に読んでいただくため、原著の注のうち必要なものは本文に補い、一般書としては不要と思われるものを略した。

また、本文のもとになった江戸時代の史料の読みにくさを考慮して、史料の引用の際は、読み下し文に改めた。江戸時代特有の用語についても、読みやすいようにフリガナをていねいに付すこととした。

なお、弟享二の江戸留学に関心のある方は、原著『江戸城大奥をめざす村の娘』のプリントオンデマンド版(二〇二五年刊行予定)をご覧ください。

二〇二四年十二月

大口　勇次郎

目次

凡　例

一、関口家の日記からの引用は、刊本である『関口日記』(横浜市文化財研究調査会)によっている。

二、引用は、原則として原文通りとするが、読みやすさを考慮して、原意を損なわない範囲で読点を付し、改行をおこない、読み下しに改めた場合がある。江→へ、者→は、に改めるなど、適宜、平仮名で表記した。

三、日記の該当場所は、原則として年月日で示すが、刊本の構成上見つけにくいことがあるので、刊本の巻数と頁を示すようにしたが、その場合には、『関口日記』第一巻三〇ページを、〔一巻、三〇頁〕と略記した。

山川セレクション

江戸城大奥をめざす村の娘

生麦村関口千恵の生涯

序章

「家」の日記を読み解く

1 江戸時代キャリア女性の生涯をめぐって

本書は、江戸近郊農村の名主関口家《なぬしせきぐちけ》に生まれた女性千恵《ちえ》の数奇な一生を、関口家で代々書き継がれた『関口日記』をおもな資料にして明らかにしようとしたものである。

第一章では、寛政九(一七九七)年五月の女児誕生の記事から始まる千恵の成長の姿をたどっていく。幼い時代にはお七夜《しちや》、雛祭《ひなまつ》り、三歳賀などの家族内の祝い事や、二歳違いの姉と一緒に疱瘡《ほうそう》に罹《かか》った記録を読むことができる。数え年で十歳になると、初めて家族を離れ江戸の知人宅に行儀《ぎょうぎ》見習いのために預けられた。十二歳で大名屋敷に奉公に上がり、一度は商家の養女になって町人身分となるが、事情があって十七歳で退職する。翌年には江戸若松町の商家川村家に嫁ぎ、長男松五郎の妻となった。男子を儲《もう》けるが、その直後に夫が病死、川村家に残って夫の弟と再婚するものの、三十一歳で川村家から離れた。

その後、三十二歳のとき、縁があって江戸城大奥《おおおく》の女中(中臈《ちゅうろう》)お美代《みよ》の方の部屋子《へやこ》として仕えることになった。千恵からの手紙、実家からの差し入れ、宿下《やどさ》がりの事情など、秘密とされた大奥の生活の断片を父親の日記から知ることができ、またお美代の方が、十一代将軍徳川家斉《いえなり》の愛妾《あいしょう》であったことから、家斉の逝去に伴う大奥内部の異変も窺うことができる。十一年間の勤務ののち、四十三歳で大奥を退職し生家に戻るが、その後も毎年のように江戸城との間を往復している。晩年は、千恵の弟や甥《おい》の筆による記事によって、千恵の再婚話や肉親の病死の事情も知ることができ、さらに、千恵の経済生活を支えた「譲地証書《ゆずりちしょうしょ》」や彼女の財布の中身も明らかにされる。最期は慶応元(一八六五)年九月に、六十九歳で臨終《りんじゅう》を迎えるが、死の床から葬儀の様子にいたるまでを関口家の日記から読み解いていく。

これまで、江戸時代の農村女性というと、生涯村から出ることなく「家」の絆《きずな》にしばられて生きていたとイメージされてきたように思われる。本書で取り上げた千恵という女性は、武家屋敷奉公、江戸町人との結婚などの経験を経るなかで、百姓身分、「家」のしばり、女の立場といったさまざまな制約にぶつかりながらも、それを乗り越えて生きていったのである。その意味で本書は、千恵の一生に具体的な個人情報を可能な限り盛り込んで、江戸時代の一人のキャリア女性のライフ・サイクルを描いた女性史の試みでもある。

このように、本書では千恵の生涯を描くことを目的としているが、そのなかで特に次の点に注意したい。

一つは、江戸時代に生きた一人の女性の一生を、誕生に始まって、お宮参り、お節句《せっく》など幼少時の通過儀礼から、結納《ゆいのう》、婚礼、里帰りなど縁組に伴う慣習、人生末期の葬儀にいたるまで、家族のまなざしで記録されたものを丁寧に紹介していきたい。『関口日記』は、江戸時代後期の南関東という限定付きの場ではあるが、ふつうの村人の生活と人生儀礼を記録したものである。

もう一つは、千恵が江戸時代の農村女性としては稀にみる経験をしていることである。武家屋敷や江戸城など村の外に奉公口をみつけたうえ、江戸町人と結婚・離縁し、さらに武家との再婚話を持ち込まれるなど身分を超えた交流をしているが、これらの事態について、その経緯をできるだけ具体的に解明していきたい。この過程で彼女を取りまく百姓身分による制約、あるいは「家」の絆や社会のジェンダー規制がどのようなものであったか、それに彼女がどのように対処したのかも考えていきたい。

以下、2節では千恵が生まれた生麦《なまむぎ》村の概要と、村内における関口家の位置を明らかにするが、ここでは生麦村が大都市江戸の近郊村落の一つであったことにも注目しておきたい。3節では、本書が主として依拠している『関口日記』の原本の所在とその刊行の過程を説明する。またこの日記の特徴を明らかにし、千恵の出生から死没にいたる六十九年の生涯をたどるにふさわしい記録である理由も考えておきたい。

2　生麦村と関口家

「風土記稿」からみた生麦村

千恵は、武蔵《むさし》国橘樹《たちばな》郡生麦村(現、神奈川県横浜市鶴見区)に生まれ、十歳で江戸に出るまでの幼年期と、大奥を退いたあとの晩年をここで過ごしている。「新編武蔵風土記稿《ふどきこう》」(以下「風土記稿」と略す)によって、生麦村の概況を窺うことにしたい(『新編武蔵風土記稿』三巻)。「風土記稿」は、武蔵国の地誌《ちし》を村別に明らかにしたもので、文化七(一八一〇)年に江戸幕府の昌平坂《しょうへいざか》学問所内に設置された地誌調所において編纂が開始され、文政十一(一八二八)年に稿本が完成している。作成にあたっては、担当の役人が武蔵国内の村々を巡回して資料を収集したという。『関口日記』の文化十一年四月十七日には「地誌調御出役《ごしゅつやく》　石川礼助様、内山清蔵様御入、手前宅ニテ御改ニ御座候」(『関口日記』一巻、三二九頁。以下、巻数と頁数のみ記す)と、地誌調査のために役人が来村したことが記されており、まさに千恵が生きた時代の地誌データといえよう。「風土記稿」の生麦村の項には、はじめに村の位置が記されている。

生麦村は、東海道往還《おうかん》のかかる所にして、海にそひたる地なり。神奈川・川崎二宿の間にあり。神奈川へは一里、川崎へは一里半を隔つ。江戸日本橋より六里の行程なり。子安郷《こやすごう》に属せり。

生麦村は、東海道の街道に沿って川崎宿と神奈川宿の間にあり、江戸日本橋までは六里（約二四キロメートル）の道程があったという。この位置は、途中に多摩川六郷《ろくごう》の渡しがあることを考慮しても、早朝に村を出立すれば昼には江戸に到着するほどの距離であり、父親の藤右衛門はもちろん、娘の千恵でも徒歩で江戸へ向かうことはさほど困難ではなかったことがわかる。

村の周囲と、村を貫通する街道については、次のように述べている。

東の方は潮田村に隣り、鶴見川を界とす。南はすべて海に添て、その辺は平地及び畠、その余屋敷地もありて、皆礫交《れきまじ》りの砂場なり。西北はすべて東寺尾村に隣れり、此《この》あたりは山にそひ、土地に高低あり、土性は黒野土なり。東西十七丁、南北は五丁五十間《けん》あり。村内西の方、子安村の境より東の方鶴見村の境まで貫きて、東海道の往還かかれり。長十九丁余、道幅四間より五間までなり。この往還の内、十二丁十九間《けん》の間は家並にて、其余六丁二間は松などの並木たてり。

村の東側は、鶴見川の河口に接し、南側は江戸内海に面した平坦地で、畠と屋敷地があるが、この辺は小石交りの砂地である。村の北西部は、丘陵地に沿って高低のある土地であり、土質は農地に適した黒土である。村の東西は約一八五四メートル、南北は約六三五メートルある。

村の西端、子安村との境から、東端の鶴見村との境まで東海道が貫通している。道幅は約七メートルから九メートル、街道の長さは二〇〇〇メートル余であった。このうち一三四三メートルの間には家屋敷が並び、残りの六五八メートルは松並木である。

『「名主日記」が語る幕末』（横浜開港資料館一九八六）に掲載された「街道沿い部分の復元図」によれば、街道の両側に一八五軒の屋敷が並んでおり、そこには米穀屋、質屋、肴《さかな》屋、荒物屋、風呂屋、茶屋など、商家を含む家々が軒を並べている。生麦村は、川崎と神奈川の二つの宿場の中間にあって、旅人たちが茶屋で休息をとる、合いの宿としてにぎわっていたことが判明する。関口家も、この街道に面して屋敷を構え、村名主を勤めていたのである。

生麦村の戸数は、「風土記稿」によると、「家数二百四十二軒、その内漁猟を産とするもの六十軒ばかりなり」とある。この家数は「村方明細書上帳」によると、享和二（一八〇二）年改めの数値であるという〔一巻、二九五頁〕。文政期から幕末にいたるまでの生麦村の戸数と人口の推移を表1に示した。これによると天保飢饉《ききん》の前後に人口が減少するが、その後一八六〇年代になると戸数・人口ともに増加したことがわかる。

また、生麦村の石高《こくだか》は、慶安年間（一六四八～一六五二）に編集された「武蔵田園簿」によると五六〇石六斗六升、このうち田方は四〇〇石八斗九升一合、畑方は一五九石七斗六升九合であった。その後、芝地や居山《いやま》の開発と屋敷地の造成を経て、何度かの改め検地《けんち》の結果、江戸後期には、石高六五三石三斗四升一合、このうち、田方は三四七石六斗一升、畑方は三〇五石七斗三升一合に変化していた（『武蔵田園簿』一九七七年、『旧高旧領取調帳　関東編』一九六九年）。

生麦村は、古くから幕府の直轄地であった。「武蔵田園簿」には、伊奈半十郎代官所《だいかんしょ》の支配地と記されている。その後、代官の変遷があり、「風土記稿」編纂当時の代官は、大貫次右衛門光豊（文政七年まで）であったが、文政七年から天保十三（一八四二）年までおよそ二十年間は中村八太夫が勤めた。その後は、関保右衛門（弘化元〈一八四四〉年まで）、平岩文次郎（弘化二年まで）、築山茂左衛門（嘉永二〈一八四九〉年まで）、伊奈半左衛門（嘉永四年まで）、青山録平（嘉永六年まで）、斉藤嘉兵衛（安政五〈一八五八〉年まで）、小林藤之助（万延元〈一八六〇〉年まで）と代官の交代が頻繁にあったが、万延元年からは横浜開港に伴う措置として、近隣の村々とともに神奈川奉行所の預り所に編入され、神奈川奉行所の行政支配を受けることになった。

「風土記稿」には、関口家の先祖を窺わせる記述がある。

旧家は、百姓八郎右衛門、氏は関口なり。天正の頃、関口外記《げき》、同図書《ずしょの》助《すけ》、同助七郎、同神兵衛などいひし人ありしと云う。家に小田原北条家より出《いで》し文書二通を蔵す。その文中にも外記助以下の名、見えたり。

「風土記稿」において、村の「旧家」とされた家は、関口姓を名乗る「百

表1　生麦村の戸数と人口

年　代	戸数	人口
	戸	人
文政11(1828)年	235	1,286
天保9(1838)年	238	1,201
文久3(1863)年	282	1,637
慶応3(1867)年	286	1,732

出典　『「名主日記」が語る幕末』54頁。

姓八郎右衛門」家であった。この家には、小田原北条氏から発給された古文書二通が残されていたという。この古文書は「風土記稿」にも紹介されているが、そのうちの、天正十一（一五八三）年四月付の一通は、子安郷における前年の未進年貢《みしんねんぐ》の納入を命じたものであり、ここには関口外記助「抱《かかえ》」として八七貫四七〇文の高辻《たかつじ》が示されている。その内訳は、関口外記助が五〇貫八六二文、同族と思われる関口図書助、関口助七郎、関口神兵衛の三人の持ち分合計一六貫九四二文、ほかに内海、牛込、渡辺という姓を名乗る者三人の持ち分合計九貫五三六文、姓を持たない百姓九郎左衛門、源左衛門、庄左衛門、源右衛門、弥二郎ら五人の持ち分合計は一〇貫一三〇文であった。この文書でいう子安郷の正確な範囲はわからないが、江戸期の子安村、生麦村を対象にしていたと考えておきたい。ここで関口外記助は、村高の五割以上を「手前分」として所持し、関口姓を名乗る同族を合わせると村高の四分の三を握っていたことが判明する。後北条時代に土豪《どごう》百姓として村を掌握していた関口氏は、天正十八年の徳川氏の入部《にゅうぶ》以後は、村に土着して村名主を勤めたと考えられる。「風土記稿」に登場する後年の「百姓八郎右衛門」は、上記の古文書を所蔵していたところから、関口外記助の直系の子孫と考えられよう。

関口藤右衛門家

千恵の父親である関口藤右衛門《とうえもん》について、その出自を検討したい。

「風土記稿」には、北条氏から年貢の督促を命ぜられた古文書を所蔵する関口姓を名乗る八郎右衛門が、「旧家」として記録されていた。いっぽう、『「名主日記」が語る幕末』(横浜開港資料館一九八六)には生麦村の村役人の近世中期以降の変遷表が載っており、これによると、八郎右衛門は、元禄八(一六九五)年に名主を勤めていたが、享保三(一七一八)年に八郎右衛門から次郎右衛門に交代したこと、その後八郎右衛門はいったん名主に復帰したものの、享保十三年に病気のためふたたび次郎右衛門に交代したことが知られる。天正の古文書で関口姓を名乗った家は数家あったが、次郎右衛門家は、そのうちの一家の末裔と考えられる。次郎右衛門家はしばらく名主職を続けたが、安永末年には世代交代のためか、いったんは他家に譲るものの、天明四(一七八四)年からはふたたび名主を勤め、寛政七(一七九五)年まで継続してその職にあったことが確認される。

さて、この次郎右衛門家は、千恵の生まれた関口藤右衛門家の本家筋に当たる家であった。次郎右衛門の次男として享保十六年に生まれた藤助《とうすけ》は、宝暦十三(一七六三)年に鍛冶屋源兵衛《かじやげんべえ》の娘利恵《りえ》を嫁にすると、同年に三十三歳で分家して新しい家をおこし、のちに藤右衛門(初代)を名乗った。

明和元(一七六四)年に藤助の長男として生まれたのが、千恵の父親に当たる東吾《とうご》である。東吾は、若い時期に江戸飯田橋《いいだばし》の伊藤尚貞の学塾に寄宿して、漢学を学んだ経験があった。師の尚貞とは彼の晩年まで交流があり、文化八年に尚貞が死去した折には、出府して御公儀への届け出、葬式、跡目養子の相談にまで関わっており、有力な弟子の一人だったと思われる〔一巻、二〇頁〕。

東吾の父親藤助の日記は、天明七年から寛政四年まで、東吾が二十代に当たる時期のものが残っているが、この日記のなかで東吾の行動を示す情報はきわめて少ない。寛政元年八月十七日に「東吾来ル」、二日後に「東吾返ル」とあるのが初見で、寛政二年六月と八月に江戸との間を往復し、翌三年にも三往復しているが、いずれも出府《しゅっぷ》の目的は記されていない〔別一巻、一〇五頁〕。寛政四年八月十九日には「東吾出府、薬種《やくしゅ》買い」と初めて出府の目的が記されている〔別二巻、二二二頁〕。関口家には、長崎由来と称する懐胎調節の秘薬を製造し、江戸馬喰《ばくろちょう》町の大坂屋治兵衛、品川の紀伊国屋喜右衛門を販売店とする宣伝チラシが残っており、東吾の出府は、このことと関係があるのではないだろうか。

寛政四年九月に藤助は病気で倒れ、わずか一カ月の闘病の末に、六十二歳で没した。東吾は二十九歳で家を継ぎ、藤右衛門(二代)と名乗った。翌年には、村の清水久保《しみずくぼ》の岸谷七之助の娘伊恵《いえ》を嫁にもらい、同七年に長女しげが生まれ、ついで次女千恵、三女みつ、長男享二《きょうじ》、次男可吉《かきち》と二男四女の子宝に恵まれた(巻末略系図参照)。

藤右衛門家の所持田畑は、家督を継いだ直後の寛政五年の日記の巻頭には、二二石八斗三升六合三勺と記されている〔別二巻、一頁〕。その後、文政十三年の土地改めによると、藤右衛門名儀と藤五郎(長男享二カ)名儀を合わせて、田地三町五反歩余、畑地一町八反歩余、合計五町三反歩余あり、その石高は四〇石五斗七升四合であった。この村内最高の規模は幕末にいたるまでほとんど変化はなかった。藤右衛門家では、この時期に成人男性の奉公人を雇用していないので、大半の田地は小作に出し、残りの手作地は日雇いの労働に頼っていたと考えられる。小作料収入は、文化十一年に二六俵だったが、その後増加して文政三年に八〇俵、嘉永三年に一一〇俵に達している（久木・三田一九八一）。この収入を基礎にして、藤右衛門は活発に金融活動を行っていた。

藤右衛門が家督を継いで五年目に当たる寛政九年四月五日の日記に、「村中惣百姓代《そうびゃくしょうだい》、当村名主

関口藤右衛門64歳の肖像（文政10〈1827〉年）横浜開港資料館所蔵　画賛は，江戸築地の漢学塾師匠和気行蔵（柳斎）の書。

退役ニ付、跡役私へ達て致しくれ候様、強て頼み来り候ニ付、返答に及び候」〔別二巻、一五一頁〕という記事がある。退役した前名主（次郎右衛門）の跡役に関して村中で意見が分かれたが、そのなかで百姓代から、藤右衛門を強く推す意見があり、直接頼みに来たので、これを受けたというのである。その結果は、七月二十七日に代官屋敷において「藤右衛門、八郎右衛門両人、隔年名主、仰せ付けられ候」〔別二巻、一六七頁〕とあって、村のなかの対立を調整した結果であろうか、旧家の八郎右衛門と、分家筋でまだ三十代の若手の藤右衛門が隔年で勤めることになった。

　また藤右衛門は、江戸で学んだ漢学を深めることはなかったようだが、文芸の面ではこの地域で活動していたことが知られる。享和三年に刊行された「東海道人物誌」という出版物のなかで、彼は「医学・狂歌《きょうか》、号梧桐庵《ごとうあん》、又関鳥金」と紹介されている。俳諧《はいかい》に関しては、文化三年から五年間で二十件近くの俳諧関係の記事があることが知られる（内田一九七二）。藤右衛門は文化四年に自宅を新築したが、翌五年には自宅に仲間を招いて会を催している。一月二十五日「家見誹(俳)諧ニ新宿常連共出会、百員興行、雪武、万古、信々、魯石、白紙、藻暉、藤蘂、魯優　右の者へ昼飯並雑煮《ぞうに》出ス」〔一巻、一一八頁〕、閏六月十四日「江戸武鳥、沙羅、其外罷り越し、歌仙《かせん》行、相催す」、九月四日「今日、新宿より誹人《はいじん》罷り越し、拙者《せっしゃ》方にて歌仙興行、夕飯出す。信々、完映、魯石、白紙、梧英」とあって、俳句の仲間が藤右衛門宅に集まって、俳句を詠んで楽しんでいることが知られる。

　また藤右衛門は、自宅に家塾を開いて、自ら塾の師匠になり近所の子供たちに文字の読み書きを教えていた。その間、漢学の初歩を教え、また儒教道徳《じゅきょうどうとく》を講じていたと思われる。晩年には、寺子屋《てらこや》での口述の説教のうち孝行に関する部分をまとめ、「孝行萌草《こうこうめばえぐさ》」という書物にして、八十歳、傘寿《さんじゅ》の記念に、三女みつの再婚先である江戸の錦耕堂《きんこうどう》（山口屋藤兵衛）という本屋から刊行している（一四四頁参照）。

藤右衛門は、長年にわたって名主として村政に尽くし、寺子屋や俳句を通じて地域文化に貢献してきたが、それよりも実は、家督を継いでから一日も休まずに日記を書いたことで、後世に名を残すことになったのである。

3　関口家の日記

『関口日記』の刊行

関口家で代々記帳されてきた日記形式の帳面は、表紙に「日時帳《にちじちょう》」「日記留帳《とめちょう》」「日記帳」「日時附《つけ》込帳《こみちょう》」など多様な名称が付されているが、これらを総合して昭和四十六（一九七一）年に刊行するにあたって全体に共通なタイトルを『関口日記』と名付けられた（一巻、例言）、（内田一九七一）。

刊行にいたる経緯をみると、はじめ昭和二十七年に、文化三（一八〇六）年から明治三十四（一九〇一)年にいたるまでの日記原本八十七冊が、当時所蔵していた池谷健治氏から横浜市史編集室に寄贈された。これを地元の横浜郷土研究会の有志が翻刻にあたり、その原稿をもとに昭和四十六年に横浜市文化財研究調査会を発行元として第一巻が刊行された。以下継続して発行され、昭和五十九年に第二十三巻をもって完結した(なお途中第三巻から第七巻までは横浜市教育委員会が発行元になっている)。

その後、関口詮氏が所蔵する宝暦十二(一七六二)年から文化元年までの十一冊の日記が横浜市に寄贈されたので、これも引き続いて横浜市文化財研究調査会の手によって『関口日記』別巻一として刊行され、昭和六十年に別巻三で完結した。日記の書かれた順序からすると、後から刊行された別巻三冊のほうが前に位置することになるが、先の二十三巻と合わせて、計二十六巻の『関口日記』が完成したのである(横浜市文化財研究調査会一九七一～八五)。

日記の原本九十八冊はすべて、現在、横浜開港資料館に所蔵されている。

日記は、日を追って附込みで記す形式であるが、年によっては、「金銭出入の覚」「村入用《むらにゅうよう》立替覚」「貸米覚」「日雇《ひよう》覚」「無尽《むじん》懸覚」など、その年に勘定のあった金銭出入りの覚書や、「廻状留」「神奈川伝馬《てんま》控」「高札場《こうさつば》建設入用覚」などの村名主の職務に関係する記録、あるいは「薬種覚」「懐妊薬覚」「漢詩覚」「祝儀到来覚」などの私的なメモが、巻末に順不同で並んでいる。このいわば付録に当たる部分は、年によって内容や分量に差があるが、関口家の経営や交際の記録を補うもので、日記の理解を深めるものになっている。刊行された『関口日記』の各巻の目次には、編集者によって付録部

関口詮家文書　日時記(表紙)横浜開港資料館所蔵
当家二　東園
八寛政八丙辰歳
九寛政九丁巳歳
十寛政十戊午歳
日時記
千恵誕生の記事を収めている。

分の細目も付されている。

　別巻一に収められている最も古い帳簿には表紙がなく、「宝暦十二年―明和七年　金銭覚帳」(別一巻、一頁)と仮題が付されるが、これは藤助(初代藤右衛門)が分家した直後からのさまざまな金銭出入りのメモであり、例えば宝暦十三年の藤助婚礼の際の祝儀控や、翌明和元(一七六四)年の土蔵新築に要した金銭の覚えなどが含まれている。日を追った日記形式の記録は、次の「天明七丁《てい》未《び》年　日時帳」において天明七(一七八七)年正月元日から始まっている。

　残存する日記は、始まりが天明七年正月、終わりが明治三十四年十二月であり、この間一一四年、日記原本は九十八冊あり、これを二十六冊の刊本に収めているのである。ここでは、刊本の各巻に収載されている日記の年次を示すための表2を作成した(日記原本は、表紙に「○○年日記帳」とあっても、必ずしも正月から十二月までを記帳しているわけではない)。表に年号を記したものは、原則としてその年の正月から十二月までの日記が存することを示している。途中に長期の欠損のある場合は、記述のある月を括弧内に示した。欠損のある時期を示す

表２　『関口日記』刊本の巻別収録年次

刊本巻数	収　録　年　次
別巻１	天明７，天明９，寛政２，寛政３，寛政４
別巻２	寛政５（１～８月，11・12月），寛政６（１～３月），寛政７（４～12月），寛政８，寛政９，寛政10，寛政11（１～３月）
別巻３	寛政11（３～12月），寛政12，寛政13，享和２，享和３，享和４
第１巻	文化３，文化４，文化５，文化６，文化７，文化８（１～２月）
第２巻	文化８（閏２～12月），文化９，文化10，文化11，文化12
第３巻	文化13，文化14，文化15，文政２，文政３，文政４（１月）
第４巻	文政４（２～12月），文政５，文政６，文政７，文政８（１月），文政９，文政10（１月）
第５巻	文政10（１～12月），文政11，文政12，文政13（１～２月）
第６巻	文政13（２～12月），天保２，天保３，天保４（１～２月）
第７巻	天保４（３～12月），天保５，天保６，天保７（１月）
第８巻	天保７（１～12月），天保８，天保９，天保10
第９巻	天保11，天保12，天保13，天保14（１～９月）
第10巻	天保14（閏９～12月），天保15，弘化２（１～10月），弘化３（５～12月）
第11巻	弘化４（３～12月），弘化５，嘉永２
第12巻	嘉永３，嘉永４，嘉永５，嘉永６（１～７月）
第13巻	嘉永６（８～12月），嘉永７，安政２，安政３，安政４（１～10月）
第14巻	安政４（10～12月），安政５，安政６，安政７，万延２，文久２（１～５月）
第15巻	文久２（６～12月），文久３，文久４，元治２
第16巻	慶応２，慶応３，慶応４
第17巻	明治２，明治３，明治４，明治５（１～12月）
第18巻	明治６，明治７，明治８
第19巻	明治９，明治10，明治11
第20巻	明治12，明治13，明治14，明治15
第21巻	明治16，明治17，明治18，明治19，明治20
第22巻	明治21，明治22，明治23，明治24，明治25，明治26（１～６月）
第23巻	明治27（１～３月），明治28（１～７月），明治30，明治31，明治32（１～４月），明治33，明治34

と、天明八年（正月〜十二月）、寛政五（一七九三）年（九・十月）、寛政六年（四月〜十二月）、寛政七年（正月〜三月）、文化二（一八〇五）年（正月〜十二月）、文政八（一八二五）年（二月〜十二月）、弘化二（一八四五）年（十一・十二月）、弘化三年（正月〜五月）であった。

『関口日記』は、江戸時代中期から明治三十年代まで、途中大きな政治変革の時期を挟んだ一一〇年余の記録であり、はじめの数年間は欠ける年があるものの、ほぼ連年、執筆者でいえば五世代にわたって書き続けられた家の記録である。寛政九年に生まれた本書の主人公である関口千恵についていえば、彼女が数え年九歳であった文化二年、二十九歳の文政八年、五十歳の弘化三年の三年間を除いて、生涯六十九年間について、千恵の父親、千恵の弟、千恵の甥という三代の家長によって観察された情報を得ることができるのである。

農民日記の特徴

『関口日記』について述べる前に、江戸時代の日記に共通する特徴を考えるため、農民日記を主題とした二つの作品を参考にした。一つは、高木俊輔氏の労作『近世農民日記の研究』（高木二〇一三）であり、もう一つは『民具マンスリー』四六巻七・八号（神奈川大学日本常民文化研究所二〇一三）掲載の「特集『日記』座談会」である。

前者は、序章において著者高木氏が草莽志士《そうもうしし》の研究から、志士と地域の関係性に関心が移り、農民生活史を明らかにするため、農民日記の研究に没頭していく経過を語っており、本論ではこれまで研究されてきた「大黒屋《だいこくや》日記」（信濃《しなの》国）、「葦沢家《あしざわけ》日記」（信濃国）、「古橋家日記」（三河《みかわ》国）、「富沢家日記」（武蔵国）、「門家養安《かどやようあん》日記」（秋田藩）の五種の日記分析を収めている。いずれも江戸後期から幕末維新にかけて長期に連続して記帳されている日記である。ここでは研究の内容を紹介することはしないが、筆者が特に感じた点をいえば、一つは当然のことながら庶民の日記に共通するマニュアルがあるわけではなく、記述者によって内容、形式ともに多様であることを改めて確認できた。二つには日記に登場する人びとの関係性を分析する際、膨大なデータを検索可能な状態にするために、パソコン上に日記全文を入力したテキストを作成されたことである。筆者も『関口日記』のデータ化を夢想したことはあるが、手をつけることはできなかった。この手法がこれからの日記研究に飛躍的な進化をもたらすことに間違いあるまい。

『民具マンスリー』の座談会は、おもに民俗学研究者を中心にした座談会で、従来の民俗学の方法に、個人の日記の記録を加えることの重要性を主張したものであるが、そのなかで、近世史家の井上攻氏によると、十九世紀に入ってから、村名主によって記帳される日記が多くなるが、これを見ると名主は領主の下部機構の役割とともに、村共同体の長としての役割を示していることがよくわかるという。領主支配の必要から作成される村方史料では読み取れない村方の実情が日記に示されているというのである。

筆者も、これまで『関口日記』のほかにも、江戸時代に記された庶民の日記を読む機会があった。筆者の農村史研究は、もともと年貢関係史料など、いわゆる村方史料から出発したのであるが、幕末製糸の記録として知られた「源次郎日記」(信濃国)、現地調査で見つけた佐瀬家の「年中日記帳」(上総国)、地元の有志によって翻刻された「公私日記」(武蔵国)を読んで、社会のさまざまな局面を分析の対象としてきた(大口一九七五・一九八二・一九八八a・一九八八b・一九九二)。

これらの日記研究の成果と、筆者のこれまでの経験からみても、江戸時代の農民日記の記載に一定のマニュアルがあるわけではないが、あえて記事の内容を区分してみると、おおよそ次の六つに分けることができる干支は、今では年の表示に使うことが多いが、古い暦では日ごとに付されている。

①月日、干支《かんし》、当日の天候。
②村名主として領主(代官)から指示された仕事を記帳する(御触書《おふれがき》の伝達、年貢関係、人別《にんべつ》調査、廻村役人の接待など)。
③村名主として村共同体の利害に関わる仕事を記帳する(水利の調整、村の祭礼、村の治安維持、村内の争いの調整、他村との交渉など)。
④家の生産・消費など経済関係を記帳する(農作業日誌、地主小作関係、金銭出納、貸借関係など)。
⑤家主および家人らの動向や、親族・知人との交流を記帳する(誕生・結婚・葬儀の記録、外出先、来客、贈答など)。

⑥村の外からもたらされた情報の記録（政治・外交上の事件、地震など災害情報）。

以上の諸点は、多くの農民日記に共通した内容であるが、なかには、②に特化した名主役日記、④を中心とした農事日誌として書かれる場合もある。それぞれの日記によって、記述する主題の選択や、書き方に個性がみられるのである。

『関口日記』の特徴

このような農民日記のもつ性格を前提にしたうえで、『関口日記』の記帳例を挙げて、この日記の特徴を考えておきたい。

まず、①については、他の多くの日記と同じように、月日と干支のあとに、天候が必ず記されている。

②の村名主として役職に関わる記述では、文政二年の日記を例にして、名主藤右衛門が江戸の大貫《おおぬき》代官の役所へ出向いた記事を掲げると、宗門人別帳《しゅうもんにんべつちょう》の提出（三月）、夏成《なつなり》上納（六月）、秋成上納（八月）、米症届（九月）、その年の冬値段、納入高の通知（十一月）、御城米の川岸出し、浅草御蔵で菰《こも》揚げ後、上納立会い（十二月）とあって、村請《むらうけ》年貢に関する一連の動きが確認できる。

③の、村共同体に関わる仕事の事例としては、市場村と川崎宿の間で喧嘩《けんか》口論が起こり、鶴見村の扱いで内済になる際に連印した文政二年閏四月十六日の記事、村中で虫送りと日和乞《ひよりご》いとしてスギの

葉で輿《こし》を作り、夜になって松明《たいまつ》をたいて送り出す文政十一年六月二十九日の記事などが挙げられよう。

④関口家の経営については、金銭支出の記録が日々の記事のなかに記されているのが特徴である。付録の部分では、金銭出納、金銭貸借、無尽関係の記録を詳細に載せている年もある。農業経営については、藤右衛門家は五町歩余の田畑を保有していたが、その多くを小作に出しているためか、田起こし、田植えなど稲作に関する基本的な農作業は記帳されていない。畑作については、木綿蒔き(文政二年閏四月)、茄子《なす》苗植え(閏四月)、藤豆苗植え(閏四月)、小麦刈(五月)、大角豆《ささげ》作切(五月)などと、栽培作物とその作業が簡潔に記録されているのは、手作地の農作業であろう。付録部分に小作帳などが載っている年もある。

次に順序を変えて、⑥の社会的事件に関する『関口日記』の取り扱いを見てみよう。

幕末の農民の日記であれば、必ず記帳される嘉永六年六月のペリー来航情報について、『関口日記』の記述を見ると、六月七日に「鎮守出輿《ちんじゅしゅつよ》延引、此節浦賀へ異国船参り、物騒がしく候ニ付、村々遠慮いたし候」(十二巻、三三四頁)とあるのが最初である。十日には「夕七ツ時頃、異国船壱艘本牧《ほんもく》沖より江戸ノ方へ向かい参候所、当浦向かい本宮沖より乗返シ申候」と記し、黒船が江戸湾を北上し、村の前で折り返した様子を伝えている。十三日には「異国船残らず昨十二日出帆致候由、去ル三日着、昨日迄滞留」と、黒船の入港日と出港日を正確に報じ、さらに十八日には「今日鎮守出輿、異国船渡来ニ付、延引」と記している。七日に異国船来航のため村の祭礼を延期したことを記し、十八日に異国船が退去したので神輿《みこし》を出したと述べているのである。つまり『関口日記』では、ペリー来航は、村の祭礼の延期の要因として記述され、開港要求の情報は記載されていない。この原則は、他の事件にも貫かれており、村内で生起したイギリス人殺傷事件(生麦事件)については別として、他の多くの日記が伝えている大老《たいろう》が暗殺された桜田門《さくらだもん》事件や、徳川幕府の崩壊を象徴する江戸開城についての情報は記述されていない。

そして最後に⑤についてであるが、『関口日記』は、家族の動向についての記述は豊富である。家長や家族の日常的な行動、つまり起床、就寝、食事、家事、育児などの記述はないが、それ以外の、例えば家族の外出、旅行、病気、あるいは客人の来訪などの行為は、非日常的行動として記述するのが原則となっている。子供の誕生、結婚、家人の葬式などの記録は欠けることがない。これらの行事に対する親類・知人からの挨拶や贈答(祝儀、香典等)の内訳も丁寧に記載される。家族が江戸の親戚・知人を訪れた際は、訪問先と用件、手土産品についても書き込まれる。反対に関口家を訪ねる客人の名前、用件、持参した贈答品の記載も詳しい。

さて一般的に考えれば、親・兄弟といえども他人の書いた日記から、個人の一生を読み取るのは容易なことではないはずである。そのなかで、千恵の一生を描くことができたのは、『関口日記』が、村役人の公的日記にとどまらず、関口家の家族を含む「家」の日記としての性格をつよくもっていることによると思う。千恵の行動が、農村女性としては異例のことが多く、非日常の姿であったことも日記に記録された理由であろう。一度は嫁に出たものの晩年に実家に戻って来た千恵についても、生き生きとした生活記録を読むことができるのである。

本人が書いた日記や書簡が残っていないという制約はあるが、「家」の日記を使うことによって、仮に本人の日記が残っていても知ることのできない出生の前後から葬儀の次第までを描いていきたい。

その前に、これまで『関口日記』を扱ってきた論考を紹介しておこう。

『関口日記』の研究史

『関口日記』を扱った研究はこれまで数多くあるが、本書を書くにあたり、いずれもたいへん参考にさせていただいた。そのいくつかは、本文中に注記したものもあるが、すべてに及ぶことはできなかった。ここで主要なものについて、紙数の許す範囲で紹介させていただくことにしたい。

『関口日記』第一巻が刊行された直後、日記の解読に当たっていた横浜市文化財研究調査会の一人である内田四方蔵氏によって「関口日記の研究㈠」(内田一九七二)が発表された。論文では、「はじめに」で日記の伝来と公刊までの経緯を述べ、当主の関口藤右衛門とその家族を紹介し、以下では、日記の第一巻のなかから「年貢、諸掛り」「米価と農作」「賃銭、銀・銭貨、物価」「漁業関係」「出入一件」「雨乞い」「御輿修復」「文芸」「江戸の情報」などの項目を立てて、内容を紹介している。「関口日記の研究㈠」のタイトルで発表されているが、続編は書かれなかった。

『横浜市教育史』上巻（横浜市教育委員会一九七六）、『神奈川県教育史』通史編上巻（神奈川県立教育センター一九七八）は、『関口日記』から関口家の寺子屋の記事を利用して、江戸時代における庶民教育の状況を述べている。

『関口日記』を主たる史料とした本格的な論文としては、久木幸男・三田さゆり「一九世紀前半江戸近郊農村における女子教育の一研究」が最初である。関口家の経営規模、親族関係などを明らかにしたうえで、久木氏は、「I 『関口日記』に現われた女子通過儀礼」において、七夜、初節句、三歳賀、七歳賀などを考察し、これらの儀礼が「形骸化しつつもなお存続して、それなりの教育的位置を保持していた」と結論づけている。三田氏は「II 関口三姉妹の武家奉公」において、「奉公期間と奉公先」「奉公中の諸経費と給金」に分けて考察し、藤右衛門の娘世代の一八一〇年代の奉公と、孫世代の一八四〇年代の奉公では、その形態が変化していることを指摘している（久木・三田一九八一）。

『関口日記』の刊行が完結し、日記の原本は、新しく設立された横浜開港資料館に所蔵されるようになると、それ以降は、横浜開港資料館が『関口日記』研究の中心になっていく。西垣晴次「『関口日記』にみえる幕末の生麦村」は、開港資料館の公開講演会の報告をもとにして、のちに資料館の研究紀要に掲載されたものである。論文は「生麦事件以前」「生麦事件」「慶応二年―関口家」「慶応二年―祭礼と小前層」の四節からなり、生麦村からみた幕末社会の動きを明らかにしたものである。特に生麦事件については、日記のほかに、同館所蔵の「御用留《ごようどめ》」を利用して、事件の目撃者の証言を紹介している(西垣一九八五)。

横浜開港資料館は、昭和六十一(一九八六)年に「名主日記が語る幕末」と題する特別展示を開催したが、その際に『「名主日記」が語る幕末―武蔵国橘樹郡生麦村の関口家と日記―』という図録を刊行した。内容は、第一部に「『関口日記』年表稿」として天保七年から明治五年までの詳しい年表を載せ、第二部では解説編として、関口家系図、所持地の内訳、村絵図、戸数人口の変遷、村役人の変遷などの基礎データを明らかにしたうえで、「関口家と生麦村」「生麦村の人びと」「幕末の政治事件と生麦村」の三節に分けて解説を加えている。編集・執筆は当時同館の調査研究員だった阿部征寛、井川克彦、西川武臣の三氏が担当したもので、その後の『関口日記』研究の出発点にもなっている(横浜開港資料館一九八六)。

この図録とほとんど同じ時期に、長島淳子氏の論考「近世後期における女性の行動の「自由」と家事労働」が女性史の論集に発表された。『関口日記』に登場する女性たち、藤右衛門の母親りゑ、妻いゑ、長男享二の妻とく、孫梅二の妻たゑ、この四人の行動を丹念に追跡し、彼女たちの外出記録について、寺社参詣、実家、あるいは江戸、温泉地など目的地別に明らかにし、他方家族内の位置、つまり姑と嫁の関係を踏まえ、家庭内の主婦権と外出の「自由」という二項対立の視点を入れて、女性の位置を考えた論考である。この論文は、二十年後に個人論文集に収めるにあたって、『関口日記』の完成やその後の研究によって、多少修正されているが、論文の趣旨に大きな変更はない。日記を女性史の資料として取り上げた点でも意義があろう(長島一九八六・二〇〇六)。

横浜開港資料館の内部に設けられた横浜近世史研究会の編集によって、一九八八年以降四冊の論集が刊行されているが、ここには『関口日記』を利用した論文も収められている。最初の論文集『幕末の農民群像―東海道と江戸湾をめぐって―』(横浜近世史研究会一九八八)には、大口勇次郎「近郊農村と江戸―生麦村関口千恵の半生から―」(大口一九八八c)と、佐藤孝「関口日記に見る一名主の明治維新」(佐藤一九八八)がある。佐藤氏の論考は、はじめ「新旧権力の交替と村方支配」の節で慶応四年における生麦村の動向を述べ、その後地租改正までの時期について、新制度の導入による村の対応と混乱の様子を紹介している。

ついで『19世紀の世界と横浜』(横浜開港資料館・横浜近世史研究会一九九三)には、内田四方蔵「武州生麦村大工忠五郎の生活」(内田一九九三)と、大口勇次郎「農村女性の江戸城大奥奉公―生麦村関口千恵の場合―」(大口一九九三)がある。内田氏の論考は、関口家に出入りしていた大工について、関口家における改築・新築の仕事ぶりとともに、江戸大火があると居所も移して稼ぎに行く様子を描き出すなど、当時の大工の生活を明らかにしたものである。

三番目の論集『日記が語る19世紀の横浜』(横浜開港資料館・横浜近世史研究会一九九八)には、大口勇次郎「『御殿伯母《ごてんおば》』関口千恵の生と死」(大口一九九八)、鈴木良明「名主家の社寺参詣―天明〜文化期を中心に―」(鈴木一九九八)、内田四方蔵「関東御取締出役と幕府代官の活動と村方の対応」(内田一九九八)、横浜近世史研究会「『関口日記』と生麦村」(横浜近世史研究会一九九八)の四論文がある。鈴木氏の論考は、関口家の社寺参詣を村内、近隣地、遠隔地に分けて検討し、村内の盆行事、近隣社寺への参詣のいずれにおいても、女性の関与が大きいことを明らかにした。内田氏の論考は、日記から関東取締出役の活動と改革組合村の設置に関わる記事を抽出し、この地域における実態を明らかにしたものである。なお、内田氏には、「『関口日記』と関東取締出役」(内田一九七〇)という先行論文があり、これに修正と補足を加えたものである。横浜近世史研究会「『関口日記』と生麦村」は、関口家の家族と経営に関する基礎データと生麦村の概況について、『「名主日記」が語る幕末』の内容を要約したものである。同書が、展示図録という性格上、手に入れにくい読者の便宜のために掲載したものである。

右の三冊の論集に掲載された大口の三つの論考は、関口家の次女千恵の誕生から死去までをたどったもので、これに加筆訂正を加えて本書のもとになった二〇一六年版の原著が生まれた。このほか大口には、関口家の日常における贈答行動を分析した「生活・文化の歴史―幕末庶民の贈答と交際―」(大口一九八九)と、関口享二の娘愛の娘時代を描いた「農民日記に見る女性像」(大口一九九〇)がある。

関口千恵の生涯については、長島淳子氏が近世の上層農家の女性の結婚の一つの事例としてコンパクトにまとめている(長島二〇一一)。大口も農村女性のライフサイクルの一例として挙げている(大口二〇一四)。

藤右衛門の長男享二には、江戸の漢学塾に寄宿していた時期の「塾日記」があり、すでに戦前に野村兼太郎『徳川時代の私塾生活』（野村一九四〇）という論考のなかに全文が紹介されている。これを使った論考に大口「江戸漢学塾の寄宿生活」（大口二〇〇二）があり、享二が、寄宿中に刊行した漢詩集「金水初稿」については、大口「江戸漢学塾の教育と漢詩」（大口二〇〇三b）があり、これらは本書のもとになった『江戸城大奥をめざす村の娘』（大口二〇一六）に収めてある。

享二は、生麦村に帰ってから三回結婚しているが、このうち一回目と二回目の結婚と離婚の経過をたどったものに大口「江戸時代における農民家族の婚姻」（大口二〇〇六）がある。

享二は二十九歳のとき、旗本の大坂在番の供について大坂まで赴いたが、その折に父親のもとに送った書状七通が残され、現在は横浜開港資料館に所蔵されている。森芳枝「幕末の庶民の旅」（森一九九四）という論考は、この書状を翻刻し、詳細な解説を付したものである。

第一章　農家の娘

1　誕生

関口家の当主藤右衛門《とうえもん》は、妻伊恵《いえ》との間に生まれた第二子の出産を、寛政九（一七九七）年五月十四日の日記に次のように書きつけた。

（寛政九年五月）十四日癸丑《きちゅう》　雨天
今酉《とり》上刻、女子誕生
一　諸白《もろはく》五合
〔別二巻、一五六頁〕

酉上刻とは、夕方五時ごろ。諸白は、精白米を原料とした上級酒で、藤右衛門はわが子の誕生を一人で祝ったのであろうか。この日記には、これまで妻が妊娠したことも、出産が間近だということも

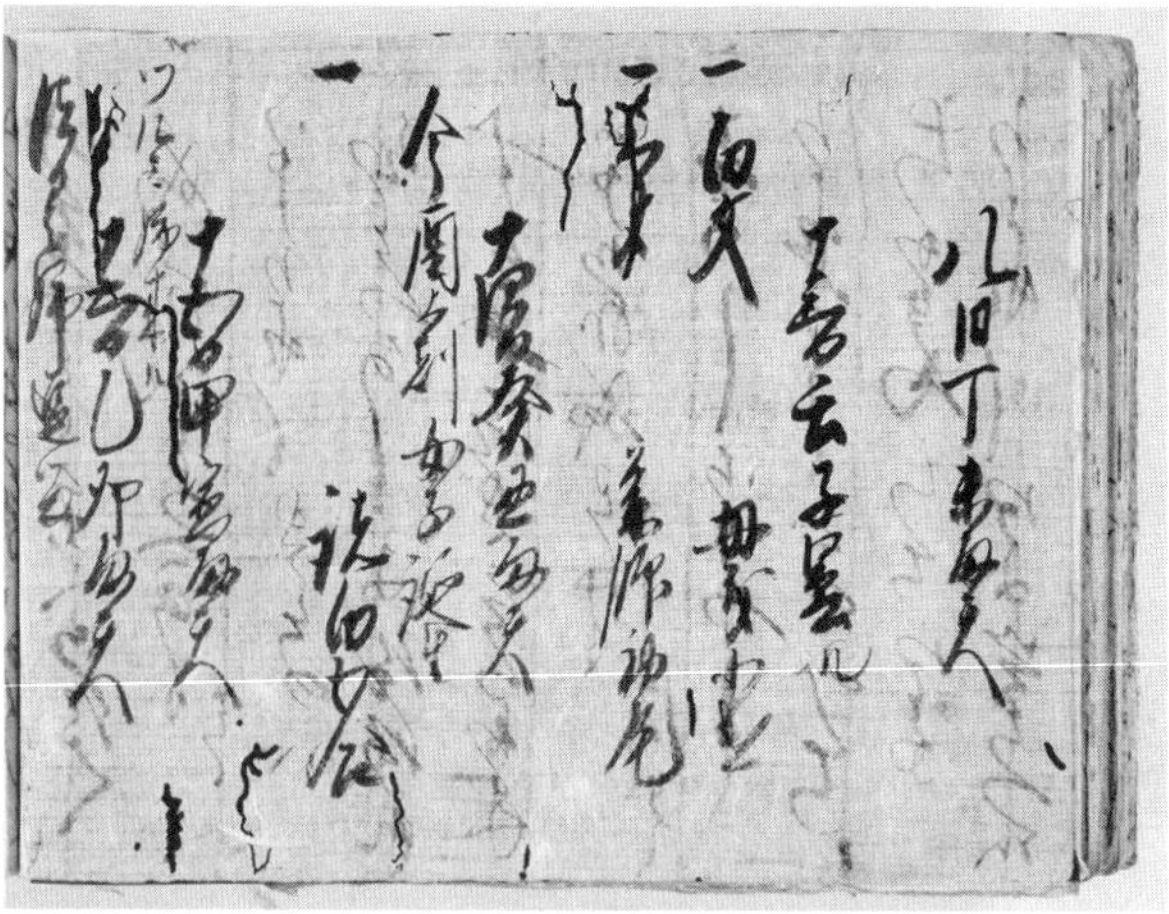

千恵誕生の記事（関口詮家文書「日時記」寛政９年５月14日）横浜開港資料館所蔵

記されていない。日記を見るかぎり突然の「女子誕生」である。

（寛政九年五月）廿日己未《きび》　細雨天
お知恵七夜《しちや》内祝
　利兵衛内　本家伯母
甚五郎内　穏母《おんぼ》
平七　藤や内
〔別二巻、一五七頁〕

生後七日目に当たるこの日は、お七夜である。慣例にならって、生まれた子供に「お知恵」と命名している。しかしその後は日記のなかで「ちゑ」もしくは「千恵」と表記されることが多いので、以下では原則として「千恵」と記していくことにしたい。この夜、内祝いに招いた人物は、穏母（産婆）と本家の伯母のほかは、近所の人たちの「内」つまり女房たちであった。おそらくは、祖母利恵《りえ》の計らいで、出産に際して世話になった近隣の女性たちを招いて、内祝いの感謝の意を示したのであろう。日記によると、この日は、諸白と鯖《さば》、いわしを購入しており、女たちのささやかな宴会が開かれたことが窺われる。

千恵は、生後九カ月で疱瘡《ほうそう》に罹《かか》っている。二歳年長の姉しげが先に発症し、これが千恵に伝染したのであるが、幸い医師の治療もあって軽症で済み、一カ月後には些々湯《ささゆ》をつかって全快を祝い、赤飯を炊いて医師と見舞いを受けた二十数人の人びとに配っている。

最初の誕生日には、鰹《かつお》を一本購入して家中で祝っている。寛政十一年十一月十四日には「産神参《うぶがみ》り」とあって、村の鎮守《ちんじゅ》に参ったことが記録されているが、これは数え三歳のお祝いであろう。このときも赤飯を炊いて、本家の子どもたちや近隣の家々に配っている〔別三巻、二七頁〕。

幼年期の通過儀礼に関しては、姉しげの記録が詳しいので、少し補っておこう。姉も、お七夜、誕生祝いなどは同じであるが、ほかにも生後一カ月の産土神《うぶすながみ》参りに近所の女性たちに赤飯を振舞ったこと、初節句の雛《ひなまつ》祭りには村人たちから雛人形や、祝儀銭をもらい受けていること、七五三の三歳賀には、村人たちを家に集めて蕎麦《そば》と酒を振舞っていることが知られる。また千恵より五歳年下の長男享二《きょうじ》の場合にも、出生、お七夜、五月の初節句《はつぜっく》、誕生祝い、五歳袴《はかまぎ》着の賀の記事が、簡潔ではあるが丁寧に記録されている。このように関口家では、子供たちの成長の節目ごとに、誕生祝いとともに、産土神参り、女子なら雛祭り、三歳賀を、男子の場合は五月節句、五歳袴着の賀と性差による慣行に従いつつ、ささやかな内祝いと産土神参りをし、親戚や近隣の人びとに赤飯を配って喜びを分かち合う風習を守っていた。名主《なぬし》の子供たちが、出産に立ち会った女性たちばかりでなく、近所の村人たちからも見守られて成長していく様子を窺うことができる。

2　江戸の修業

千恵が十歳になると、初めて江戸へ行く記事が日記に登場する。

（文化三〈一八〇六〉年二月）廿一日己亥《きがい》　晴天
　お千恵江戸行き、母人送り、今夜市場泊り
　一　金一両ト五百文　出府《しゅっぷ》入用
　　内　金弐分残り申候
〔一巻、五頁〕

これに対応する記事が翌三月に見られる。

（文化三年三月）九日丁巳《ていし》　晴天
　昨八日夕、母帰村、

去月廿一日お千恵送り出府、其侭《そのまま》にて八日に相帰り候

〔一巻、六頁〕

千恵が、藤右衛門の「母人」つまり千恵の祖母利恵と一緒に江戸へ泊りがけで出かけ、その後十八日ぶりに利恵だけが帰村したというのである。このころ関口家では、千恵の幼い弟妹がおり、母親伊恵は家事と育児にかかりきりだったので、千恵を世話して江戸へ連れて行くのはもっぱら祖母の役になっていた。

これだけの記事では、千恵が江戸の何処へ行ったのか、その目的は何だったのか、祖母が帰村したあと千恵はどうしたのか等々の疑問が生まれ、これに簡単には答えることができない。もう少し文化三年の日記から関連記事を読んでみよう。

五月八日　今日母出府、金一両壱分ト四百文　母小遣《こづかい》持参　内金一分遣《つか》ひ残り候
五月廿七日　母出府、お千恵方へ桃少々遣《つかわ》ス、並同人帯拵《こしら》え候間、持参致し候
一　金弐分ト銭五百文　母持参小遣　内七百三拾弐文残り
七月十八日　母出府、昨夜今出屋へ一宿、久左衛門女房同道《どうどう》ニて今暁出立《こんぎょうしゅったつ》
一　金弐分五百文　母小遣持参
九月四日　今夕母帰村、七月十七日出府、都合四十七日逗留《とうりゅう》致す
十月十二日　藤右衛門出府

十月十五日　藤右衛門帰宅

一　金三両三分ト壱貫弐百文　出府買物代其外共

是は亨次郎祝ニ付着類

其外《そのほか》お千恵三味《しゃみ》せん張替代小遣共

十一月十六日　一昨十四日母義市ケ谷《いちがや》迄千恵迎ニ行、今夕相帰ル、源左衛門供

一　銀弐朱ト八百文　出府雑用小遣

〔一巻、一一〜二九頁〕

これらの記録から、祖母利恵は江戸の千恵をしばしば訪れていたことがわかる。そのうち五月二十七日には、千恵へ桃と帯を届けていること、藤右衛門が出府した折には千恵の三味線《しゃみせん》張替え代と小遣いを届けていること、そして十一月には千恵が江戸へ出かけてから九カ月ぶりに、利恵の迎えで市ケ谷から生麦村《なまむぎ》に帰って来たことが確認できる。

市ケ谷の寄留先については、寛政十一年三月十四日の日記に、利恵がまだ三歳の千恵を連れて、赤《あか》目鯛《めだい》と白木綿《しろもめん》一反の手土産を持って市ケ谷の善助宅を訪ねた記事が見られるので〔別三巻、一頁〕、おそらくこれと関係があるのであろう。しかしその後市ケ谷の善助は日記の記事には登場せず、出府の前年に当たる文化二年の日記一年分が欠損し見ることができないこともあって、文化三年の千恵江戸行きの事情については、詳細を知ることができないのである。ただ千恵の年齢や、両親の対応からみ

て、ただの奉公とは思われない。その後の経過から考えて、大名家の御屋敷《おやしき》奉公をめざし、三味線の稽古を兼ねて市ケ谷の善助宅に行儀《ぎょうぎ》見習いのような形で預けられたものと察せられる。

千恵は、実家で年を越すと、翌文化四年正月九日、父親藤右衛門が恒例の代官《だいかん》屋敷などへの年始挨拶で出府する際に同道して市ケ谷へ戻っている。三月九日には、姉しげの江戸奉公の世話もあって出府していた利恵が、市ケ谷へ廻り、長逗留の末に二十八日に帰宅している。このときは「ちゑの置きどころ相決まらず候、相談に罷《まか》り越し候」(一巻、六二頁)といっている。千恵の然るべき奉公先を探しているものの、なかなか決まらないので、さらに今後のことを藤右衛門と相談するためにいったん帰って来たのである。利恵は翌二十九日再度江戸に向かうが、このときは「ちゑ預けの飯料其外」として金一両二分と銭九〇〇文を持参している。毎年三月は、御屋敷奉公の出替り時期であり、このときに奉公口がなければ、もう一年江戸で待機するか、村に帰るかの判断を迫られるのであるが、結局文化四年も、十一歳の千恵は江戸に残って、御屋敷奉公のための修業を続けることになった。

この年十月には、姉しげの奉公先である加藤氏の母親が、鎌倉方面を旅する途中、生麦村の関口家に立ち寄ったが、このとき江戸から千恵を一緒に連れて来ている。十一歳の千恵が東海道を案内したとは考えられないから、加藤家の好意で親元に一時帰ることができたのであろう。十日ほど逗留して江戸へ戻っている。

3　御屋敷奉公

翌文化五年、前年の暮れに祖母利恵の迎えで生麦村に帰っていた千恵は、三月七日に江戸へ向かった。このとき同道した利恵は、三月二十五日にいったん村に戻ったが、二十八日にふたたび出府、四月五日夜に帰宅すると、七日にまた出府した。千恵の就職のために、国元の藤右衛門と連絡をとりつつ、江戸でさまざまに奔走している様子が窺われる。

七日の日記には「一金三両也　お千恵奉公に出候仕度代《したくだい》」とあって、ようやく正式に奉公が決まり、その準備のため支度金三両を利恵に預けたことが知られる。奉公先については「麻布《あざぶ》木下淡路守《あわじのかみ》様御《ご》隠居《いんきょ》様へ御次《おつぎ》小性(姓)ニ千恵上り候約束」(一巻、一二六頁)と記されている。木下家は、先祖が木下藤吉郎《とうきちろう》につながる由緒《ゆいしょ》をもつ家柄で、当時は備中《びっちゅう》国足守《あしもり》(岡山県)に城地を持つ所領二万五〇〇〇石の小規模な大名であった。千恵は、麻布鷺森《さぎもり》(現東京都港区)にある隠居の住む御屋敷に「御次小姓《おつぎこしょう》」つまり老公の側に小間使い役として仕えることになったのである。

利恵は、十二日に帰村したが、このときは「お千恵身分ニて相談」とあって、奉職の際の身分について相談したうえで、翌日に江戸へ戻っている。御屋敷では、千恵は「雛吉《ひなきち》」という源氏名《げんじな》で呼ばれて、可愛がられていた様子であるが、それ以上の勤めぶりを父親の日記から窺うのはむずかしい。千恵との接点は、さしあたって実家からの衣装の差し入れ、季節に応じた食料の届け物の記録である。しばらくは、その断片的な記事を拾ってみよう。五月には、柏屋から金二分で購入した帷子《かたびら》を、利恵が千恵のもとに届けている。九月には、雇い人の長五郎を御屋敷に遣わして、千恵に小袖《こそで》と柿を持参している。さらに十二月二十五日には長五郎が麻布屋敷に赴いて、餅のお供え二組、半切れ一〇〇枚のほか、昆布巻、里芋、金平《きんぴら》、切餅、鰤《ぶり》味噌漬け、赤貝、平目《ひらめ》などの地元産の食料と千恵の着物類を届けている。

　年が明けて翌文化六年二月九日、利恵は千恵のところへ白無垢《しろむく》（白の上下の衣装）を持参している。このときは「一金一分ト三百文　ひな吉病中小遣」（一巻、一六四頁）ともあるので、千恵は病で臥せっていたかもしれない。三月十九日には、江戸に用事のある惣兵衛に頼んで、焼米と綿入れを届けてもらったが、四月十日にも、惣兵衛は千恵の夏物を届けている。同じく二十九日には、利恵が縮緬単衣《ちりめんひとえ》物を持参し、六月四日には、利恵が吉五郎を供にして桃を届けた。さらに八月十一日に利恵は、利兵衛らに荷物を持たせて、梨子《なし》、干物《ひもの》、小麦焼、醤麹《ひしおこうじ》などを届けている。

　文化六年九月七日、前日に江戸からの手紙を受け取った藤右衛門は、麻布に千恵を迎えに行き、生麦まで駕籠《かご》に乗せて連れ帰っている。この前後の千恵の行動はよくわからないが、十日になると「今日ひな吉、御屋敷へ相帰り申候、兵右衛門送り」とあって、兵右衛門の付添いで御屋敷に戻っている。このときは、蒲焼《かばや》き三十本、栗一袋、餅一重、小茄子《こなす》一袋を土産に持たせている。

この間、祖母の利恵は九月二日に出府していたが十三日に帰村している。そして十五日には千恵の暇《いとま》願いのために改めて出府した。十七日には「ふち屋仲助出府致ス、千恵一件養女之口へ参ル」とあり、ついで十九日に「江戸よりひな吉下ル、堺町和泉屋次郎兵衛同道、千恵養女之世話取懸ル」(一巻、二〇一頁)とあり、どうやら木下家暇乞《ご》いの裏には、木下家も承知のうえで、千恵が商家の養女となる話が進められていたようである。千恵が、もし江戸商人の養子になって町人の身分を得れば、御屋敷奉公においても、一段上のランクが保証されるのであろう。この話は、その後いったん立ち消えになったようであったが、商家の養女になる話は後年ふたたび持ち上がっている。

久しぶりに村に帰った千恵は、母親の実家のある清水久保を一緒に訪ねたり、村の鎮守にお参りしている。十月になると、村の慶岸寺《けいがんじ》の説法を聴きに行ったり、また十一月には父親と一緒に大師ケ原に参詣に赴くなど、家族とともに近隣をよく歩いている。

十一月十一日に、利恵と千恵は江戸鷺森の御屋敷へ「御機嫌伺ニ罷出候、赤飯・肴等持参」とあって、暇をとった木下家へ挨拶に出かけ、奉公中の謝礼とともに今後のことも頼みに行ったのであろう。利恵は、二十四日にふたたび「出府、鷺森屋敷の増田角左衛門殿方へ頼まれ罷り越し候」(一巻、二〇八頁)とあって、木下家から依頼があったことを窺わせる。

文化七年三月の御屋敷奉公の出替りの時期になると、千恵は「江戸表へ奉公に差遣わし候」(一巻、二三一頁)とあるので、前年の利恵と増田との約束で、ふたたび木下家に勤めることができたものと思われる。この年も、利恵は、栗、梨、柿、餅など地元の産品の差し入れや、足袋《たび》・着物類の取り換えで、供を連れて村と江戸を往復している。

翌八年二月十五日に「母義出府、お千恵宿下《やどさ》がり願い」とあり、利恵は麻布の御前様への土産に金平糖《コンペイトー》半斤（代一五〇文）を持参して、千恵の退職を出迎えに行った〔一巻、二七三頁〕。これで千恵の木下家の御屋敷奉公は終わり、途中半年のブランクがあったものの、十二歳から十五歳まで三年の年季を勤めたことになる。

三日後の二月十八日の日記には「今日岸源右衛門相頼み、江戸お千恵方へ遣し、母同道にて佃屋《つくだや》庄蔵へ差遣シ申候筈」とある。木下家を退いても千恵は別の奉公先を探すために、新たに紹介された江戸新川の佃屋庄蔵を利恵と一緒に訪ねている。三月の出替り期になると利恵は出府して、しげ・千恵の姉妹二人の奉公先を探し、四月十五日には、姉のしげは「有馬様御部屋方」に落ち着いたが、千恵は決まらず「新川糸屋庄蔵殿へ預け置き候」〔二巻、一六頁〕とあり、そのまま庄蔵宅に留まっていた。十月二十七日にはその新川庄蔵から「築地ニて青山斧三郎様御旗本《はたもと》屋敷奥様御側ニて上り元　賄《まかない》の口」〔二巻、五〇頁〕があるので奉公しないかという誘いがあったが、利恵が出府してこれを断っている。その年の十二月になって、藤右衛門が庄蔵宅を訪ねて、千恵を連れ帰っているが、このときに、「金弐分弐朱ト三百九十一文　佃屋勘定払い済」〔二巻、六〇頁〕とあるのは、この間の千恵の宿泊実費であろう。要するに、この年は一年間江戸にいて奉公口を探したが、好ましい御屋敷を見つけることができなかったのである。

4　奉公の仕組み

江戸には、百数十家の大名がそれぞれ複数の御屋敷を拝領しており、さらに旗本のうち一〇〇〇石を超す上級旗本だけでも一〇〇〇家に近い屋敷を構えていた。武家屋敷において、屋敷の主人とその家族や上級の家臣たちが生活を維持していくためには、その周囲に多数の奉公人たちのサービス労働を必要とした。男性の奉公人は、大名家の国元から出てくることもあったが、やがて江戸に滞留する日用《ひよう》などの下層民の雇用を斡旋する「人宿《ひとやど》」を通じて、一季居《いっきおり》の下人、もしくは日雇いとして雇用することも多くなり、雇用関係もある意味でシステム化されていたといってよい。

これに対して女性労働の需要は、武家屋敷内における炊事・洗濯・掃除を中心とした下働きと、屋敷の奥座敷における衣料の管理、子女の世話など膨大な需要があったはずであるが、その雇用の実態は明らかにされてこなかった。男性とちがって、女性は江戸出入りを厳しく取り締まる政策によって関所《せきしょ》を通行することが困難であるため、当初から江戸において奉公人を用意しなければならなかった。大名家の奥では、はじめは身元たしかな旗本御家人《ごけにん》の子女を中心に雇用していたようだが、需要が増大してくると、出入りの町人の縁を通じて江戸商人の娘たちが武家屋敷に上がるようになった。この結果、文化七(一八一〇)年に、式亭三馬《しきていさんば》が「浮世風呂《うきよぶろ》」のなかで描いた町人の娘たちの会話にあるような、娘の御屋敷奉公をめざした母親たちの競争がひろがっていったのであろう。この傾向が一層進むと、やがてさまざまな伝手《つて》をたどって江戸近郊農村の名主や豪農の子女たちも御屋敷奉公に加わったのである。

女性奉公人の供給システムについても、これまで十分に解明されているとはいえない。南和男氏によると、幕末期に「人宿」が扱う職種が多数挙げられているが、このなかで女性の仕事としては「町方男女奉公人(旅人宿・湯屋《ゆや》など)」があるだけで、武家屋敷の奉公人の例は少ない(南一九六九)。個別事例を探してみても、ほとんどは武家に奉公している女性や、その知人・縁者の紹介など、いわゆるコネによる就職であった。

関口家の場合、多くは祖母の利恵がこれまで培《つちか》ってきた交友関係を頼りに、精力的に走り回って奉公先を開拓していたようであった。

日記では、奉公をめぐる人間関係をたどることができても、奉公に要する経費や給金など、金銭的な側面についてはなかなか知ることができなかった。そのようななかで、文化七年の御屋敷奉公の出替り期に際して、利恵が奉公先の開拓にかかった費用の記録があるので、これを見ておくことにしたい。

（文化七年三月）十五日己巳《きし》　細雨天（中略）
今日よりお滋、お千恵両人、江戸表へ奉公に差遣《さしつかわ》し候、母同道ニて、吉五郎荷持（中略）
一　金壱両ト五百文　　母持参諸入用
〔一巻、二三一頁〕

（文化七年四月）十五日戊戌《ぼじゅつ》　細雨（中略）
一　金壱両也　　母義出府中、娘両人奉公尋ね候諸入用
　此訳
　　金壱両壱分也　　千恵給金
　　同弐分也　　しけ給金
　　右請取、前々持参金壱両ト五百文ニて
　　都合金弐両三分五百文ニ相成《あいな》り候
　　内金三分相返り候ニ付、
　　金弐両ト五百文之雑用に相成り候
〔一巻、二三五頁〕

右の日記は、娘の奉公に関わる経費に触れている希少な事例なので、その記述をたどってみたい。四月十五日に、利恵が江戸で娘たちの奉公先を探すのに要した費用が「奉公尋ね候諸入用」として

「金壱両」計上されている。この「壱両」の算出基準を示した「此訳」によると、千恵の給金「壱両壱分」、しげの給金「弐分」、さらに三月に利恵が出府の際に持参した「金壱両ト五百文」を加算した「弐両三分五百文」が利恵の使える金額であった。このうち「金三分」を藤右衛門のほうに戻しているので、残りの「弐両ト五百文」が「雑用」金であるという。ここから三月に持参した「壱両ト五百文」を差し引いた「金壱両」が当初の「奉公尋ね候諸入用」として計上されているのである。

帳簿上は右の計算通りであろうが、実際の金銭の流れからいうと、娘二人の給金計「金一両三分」と、藤右衛門の財布から出た「金一分ト五百文」(当初の支出は一両ト五〇〇文だが、このうち三分返済)の合計が、祖母利恵の財布に入り、このうち一両を「奉公尋」に使い、残り二両と五〇〇文が「雑用」として利恵の手元に残っているのである。この年七月二十日に「入金弐分也、母方より取、お千恵奉公中小遣分預、給金也」という記事があるが、これは利恵の「雑用」金から、金二分を藤右衛門が受け取り、千恵の小遣い分として預かったことを示しているのだろう。

二人の給金について、金額が並んで明示されているのは日記のなかではこの箇所だけなので、検討しておきたい。姉のしげの給金は金二分、妹の千恵は金一両一分とあるが、どちらも四月に受け取っているので、新しい雇い主(千恵は木下家、しげは不明)から得た一年分の給金の前借金とみておきたい。当時千恵は数えで十四歳、大名家の隠居のもとで職を得ていたから、いわゆる奥の仕事の三年目であった。しげは十六歳、この年初めて勤めた奉公先であり、職種も下働きを含む下女奉公と考えられるので、給金額の差は、このような職種の違いによるものであろう。

この当時、南関東の農村における、農業労働を対象とした男性奉公人の給金は三両を超えており、女性奉公人でも二両に達していたことがわかっている(青木二〇〇一)。これと比べると、武家屋敷に奉公する農村出身の女性たちの給金は、高くない。しかも千恵やしげの場合をみると、求職のために多額の経費をかけたうえ、奉公先が決まっても親元から荷持ち人を雇って本人の着物類を季節に応じて差し入れたり、土地の産物の食品を御屋敷に送り届けており、これに要する費用も少なくないのである。近郊農村の農家にとって、娘たちを江戸の武家屋敷に奉公させることは、たんに給金収入を目的としたものではなかったことが理解できよう。

千恵の二歳上の姉であるしげが、千恵と同じ時期に江戸の御屋敷奉公へ出ていることは、これまでも触れてきたが、ここで改めてしげの奉公事情を確認しておこう。しげは、文化四年三月九日、十三歳のときに祖母利恵に伴われて、初めて江戸へ上っている(一巻、四一頁)。松平備中守の家臣加藤文五郎宅に奉公することが決まり、蒲団《ふとん》、畳紙《たとうし》、枕、袷《あわせ》、下駄《げた》などの生活用品を同家へ送り届けている。この年の十月には「江戸御屋敷加藤様御母」が東海道を旅した途中に生麦村の関口家に立ち寄ったことが記録されている。しげは、その後数カ月で加藤家を辞し、あとは短期間ずつではあったが、芝新《しばしん》銭座《せんざ》の能役者観世新九郎《かんぜしんくろう》宅、大名有馬家の御部屋方、信州の大名諏訪因幡守の江戸御屋敷で奉公を重ねている。そして十八歳のとき文化九年三月に、生麦村の隣村である鶴見村の名主権蔵家から、息子の嫁に望まれると〔二巻、八七頁〕、諏訪家の奉公を辞して村へ帰っている。しげは翌年三月に婚礼を挙げ、鶴見村名主家の嫁としてふたたび農家の生活に立ち戻ることになる〔二巻、二〇三頁〕。十三歳から十八歳までの五年間に、四つの屋敷においてそれぞれ一年前後の奉公を経験したのである。上層農家の子女たちがたどる、典型的なライフ・スタイルであったといってよいであろう。

農家出身の娘たちの多くは、武家屋敷で働いても、数年で宿下がりして近隣農家の嫁となって農村に還流するという関係が保たれていた。彼女らの給金は安価であっても、奉公によって身につく武家屋敷での生活習慣と、江戸の都市文化の香りは、上層農家の娘たちを満足させるものであった。

関口家の長女が江戸の御屋敷奉公を経験したうえで、隣村の名主家に嫁ぎ、この地域の名望家同士が強固な縁組を結ぶことは、好ましい選択であったに違いない。しかし次女の千恵のライフ・コースについては、木下家の御屋敷奉公を梃子《てこ》にして、また別の戦略を立てていたのである。

5　養女の戦略

千恵が江戸から帰って来た翌年のことである。

（文化九年二月）廿二日乙丑《いっちゅう》　曇り　薄晴天

つるみ伯母、今夕来り
お千恵事、翁屋《おきなや》叟蔵《そうぞう》殿世話ニテ養女ニ貰《もら》いたき段申込候間、一覧之後、気ニ入候はば相談に及ぶべき旨、申し遣わし候

〔二巻、八五頁〕

鶴見の伯母が持ち込んだ話によると、翁屋叟蔵の仲介で千恵を養女にもらいたいとの申し出があるので、会ったうえで、もし気に入ったら相談しようということであった。この時点では、相手方など内容についてはわからないが、その五日後の二十七日に、千恵は手土産を持って翁屋を訪ねているから、前向きな返事をしたのであろう。

三月十六日には、「今日、江戸宇田川町伊藤七右衛門殿、つるみ翁屋叟蔵殿へ罷越、千恵見合《みあい》致すべき由ニテ夫婦参られ候間、今晩源助迎ニ参り候由、藤右衛門同道ニテ参ル」〔二巻、九〇頁〕とあって、芝宇田川町に住む伊藤七右衛門夫妻が鶴見の翁屋宅へやって来て、千恵と会いたいということで、鶴見の源助が迎えに来たので、藤右衛門と千恵はさっそく翁屋へ赴いたというのである。ここで、伊藤夫妻と千恵の見合いが成立した。三日後の十九日には、関口家へ翁屋、源助とともに伊藤夫妻が訪れて来たので、関口家では、酒、蒲焼き、刺身のほかに吸い物、肴を近所の料理屋から取り寄せて接待している。これで千恵が伊藤家の養女になるという取り決めは正式に固まったものと思われる。

その後、関口家では養女に向けての準備で忙しくなった。四月になると、利恵が江戸金杉町の近江

屋に赴き、七両余の予算で千恵の着物の用意をしたり、また千恵の「かいまき、ふとん綿入れ手伝い」〔二巻、九七頁〕に人を頼んだりしている。

四月二十六日には、いよいよ江戸の伊藤家より、結納品《ゆいのう》一式が届けられた。

一 帯　二筋
一 塩鯛　一折
一 昆布二把　一折
一 するめ二連　一折
一 家納喜夕留《やなきたる》　一荷

〔二巻、一〇〇頁〕

家納喜夕留とは、柳樽つまり祝儀用の酒樽である。取持ち人として、結納品を持ち込んだのは、伊藤七右衛門手代の甚兵衛と仲介役の加藤（翁）叟蔵、そして鶴見の鍛冶屋源助の三人だった。関口家では、甚兵衛に祝儀として金二分と扇子《せんす》二本を遣わし、釣台《つりだい》持ちの人足六人にそれぞれ銭三〇〇文と扇子一本ずつを祝儀に与えている。

二十六日には、結納品のお披露目のために、関口家では親戚や町内の藤屋の母親や、今出屋の内儀など近隣の人たち六、七人を招いて酒食を振舞っている。この日の宴席のために、二日前から料理の手伝い人を頼むとともに、醤油、塩、葛粉、鶏卵などを購入し、青物類は江戸に求めるなどして準備した。ふだんの来客には、近くの料理屋から蒲焼きや鮨《すし》を調達しているが、あらたまった宴席の場合には、自家で調理して饗応するのが正式の作法なのであろう。料理の手伝い人にも祝儀を配っている。翌日からは、親戚や近隣の人たちからお祝いの金品が届けられている。なお関口家では、同じ月に長女しげの結納式が行われたため、お祝いの挨拶もかさなって混雑の様子が窺える。その後も翁屋と関口家は往来があったが、五月二十日には、翁屋が関口家を訪れ祝儀として金二〇〇疋（銭二貫文）を贈り、関口家は上酒を取り寄せて盃を合わせている。養女の一件が無事最後の段階に立ちいたったことを示している。

　五月二十三日には「お千恵儀、今日江戸表宇田川町迄行き、直に御屋敷へ奉公ニ参ル、廿四日引越の積り」（二巻、一〇五頁）とあって、千恵は宇田川町の養家伊藤の家に行き、そこから直に御屋敷奉公へ行ったというのである。お千恵と一緒に、祖母の利恵、翁屋の内儀、鶴見源助のほか、千恵を運ぶ駕籠《かご》かき二人と両掛け荷物を運ぶ人足一人、翁屋からの荷物を運ぶ人足一人という一行の陣容であった。利恵は御屋敷へ引っ越し土産などのために金二両を用意している。そして二十九日には、千恵一件が済んだ礼として、藤右衛門が翁屋を訪ね、金二両に鰹一本と黒鯛一枚を添えて渡している。また源助には麻岡ゆかた地一反と黒鯛二枚を礼としている。

　さて千恵は、伊藤家の養女になるとすぐに「御屋敷」に引っ越したとあるが、いったいどこの御屋敷に入ったのであろうか。この日までの日記には記載がなく、二カ月後の七月二十八日の記事でようやくわかるのである。

（文化九年七月）廿八日戊戌《ぼじゅつ》　曇り
今日、享次郎同道ニテ、江戸三河町小笠原相模守《さがみのかみ》様御奥ニテお千恵方迄罷り越し申候
梨子三拾　玉子廿七　素麺《そうめん》一箱　煎餅《せんべい》百文
右之通持参致申候

〔二巻、一一九頁〕

藤右衛門は、越前勝山《えちぜんかつやま》藩二万三〇〇〇石の大名小笠原相模守の江戸三河町（現東京都千代田区）にある御屋敷の奥に勤める千恵を初めて訪れた。折から江戸の漢学塾に寄宿中だった息子の享次郎（享二）を連れて、以前の奉公のときと同じように、梨、鶏卵、素麺、煎餅など地元で調達できる食料を差し入れている。

以上の経緯をみることで、千恵の養女一件の理由も解けてくる。江戸町人の養女になるということは、二つのケースが考えられる。一つは、養女に後日しかるべき夫を迎え、夫婦養子となって養家を継承していくことが約束された場合であり、第二のケースは、養女の身分上昇を目的としたものである。農家出身の娘が商家の養女になることで町人身分を獲得し、この新しい身分で武家屋敷に奉公するのである。千恵はまさに後者のケースとして江戸宇田川町の伊藤家の養女になったと考えられ、だからこそすぐに、大名屋敷の奥奉公に入ったのである。千恵は、農家の娘として大名屋敷に奉公した

キャリアをもっているにもかかわらず、新たに町人身分を獲得したことは注目すべきで、武家屋敷の奥の世界でもやはり、農・商身分の違いによる待遇や出世の差があったのであろう。姉のしげは、江戸を経験したらふたたび村へ戻ってくることが前提とされた一般職コースとすれば、千恵の場合は、当初から奥向きの専門職をめざしたもので、そのために周到な準備をしたのである。

大名の奥座敷に勤めた千恵の動静は、実家の日記からはなかなか窺い知ることができない。数少ない手掛かりは、やはり実家からの差し入れ荷物の搬送の記事である。八月二十八日には「藤右衛門出府、お千恵著《(着)》類冬物持参致す。其外所々子供方へ寄。孫次郎壱人荷持」(二巻、二二四頁)とあって、このときは藤右衛門が漢学塾に預けた長男享二のところと一緒に、千恵へも荷物を届けている。九月三日には孫次郎が千恵の夜着を宇田川町まで届けている。十一月四日には江戸から孫七が着物類を持ち帰った。

翌文化十年二月三日、この日の明け方、江戸三河町で出火し、千恵のいる小笠原相模守の御屋敷が類焼したとの急ぎの手紙(飛札)が昼過ぎに関口家に伝えられた(二巻、一九六頁)。翌四日には藤右衛門が小笠原家へ火事見舞いに行っているが、被災の様子や千恵の安否などは記されていない。

この年三月には、姉しげが鶴見村へ嫁入りしたので、関口家でもその前後には結納を受けたり、花嫁の里帰りを迎えた宴会などでにぎわっていた。五月十三日には、孫七が江戸の千恵方まで蚕豆《そらまめ》一荷を持参した。九月二十一日には藤右衛門が孫七を供にして、栗、柿、梨、餅などを届けているが、ほかに「一金壱分也　お千恵方芝居見分入用、去廿一日屋敷にて相渡し申し候」〔二巻、二三八頁〕と記している。千恵が女中の仲間たちと一緒に芝居見物に行くための小遣いを、父親にねだったということであろうか。最初に勤めた木下家では、源氏名雛吉をもらい子供らしい勤務ぶりが藤右衛門の日記にも反映していたが、小笠原家では胞輩と芝居へ行くような一人前の女中奉公をしていたことが窺える。

この一カ月後の十月二十五日に「つるみ源介来る、お千恵一件相談致す」〔二巻、二四二頁〕という記事があり、養女の世話人であった源介が千恵の件で相談に来ているので、千恵の身の上に何らかの事態があったと思われる。その後の経過を少し丁寧に追ってみよう。ひと月たった十一月二十二日に藤右衛門は出府して千恵に会い、銀二朱を与えている。帰村後二十九日には、千恵を迎えに出府する源介に対して「雑用」金として金一分を渡している。源介は閏十一月二日に江戸へ向かい、四日には、荷物持ちの孫七とともに「今夜四つ時」(午後十時)に千恵を関口家に連れ帰って来た。

この一件の後始末として、十二月十六日に孫七が三河町の小笠原家御屋敷に参上し、「お千恵御礼」として肴《さかな》を持参し、「御年寄其の外御女中、奥用人衆迄残らず」差し上げている〔二巻、二五四頁〕。孫七は、帰りに宇田川町の伊藤家へ寄って千恵の着物など御屋敷からの荷物を引き取ることにしている。さらに、関口家では養女に際して伊藤家から受け取っていた金五両の結納金を返済するよう、源介に依頼している。ここにおいて、関口家では綿密な作戦を立てたはずの千恵の養女作戦は失敗に終わったのである。千恵が小笠原家を辞した理由は不明であり、千恵の側の事情によるものなのか、火事による御屋敷の規模縮小が原因なのかも、日記からは汲み取ることができない。辞めた後にも小笠原家の奥に対して年賀の礼をしていることをみると、一応円満退職と読み取ることができよう〔二巻、三七八頁〕。なお、久木氏はこの点について、「ふちや伝七出府。宇田川町風聞尋ニ頼」〔二巻、二三七頁〕という記事から、伊藤七右衛門の好ましくない「風聞」を耳にして養女縁組を解消したと解釈している〔久木・三田一九八二〕。

実家に帰った千恵は、ときおり日記に登場する。年が明けて文化十一年一月には、新婚のしげを鶴見村の婚家へ泊りがけで訪ねているし、二月には家族と一緒に神奈川の青木町に出かけ、港に繫留していた大きな船を見物している。六月二十日には、祖母の利恵と一緒に箱根温泉へ湯治《とうじ》に出かけているのは注目される〔二巻、三四二頁〕。知人の女性たち総勢八人の一行で、十二日間箱根に逗留し、帰村は翌月二日であった。利恵は、旅行費用として二両と銭一貫六〇〇文を手にして出かけている。

八月二十一日、藤右衛門は年貢上納の用事で代官屋敷を訪ね出府しているが、このとき千恵も同道した。父親は、所々を廻り二十七日に帰宅したが、千恵は途中立ち寄った新川の庄蔵宅に逗留したままになっていた。なかなか帰らないので、九月十日に母親の伊恵が庄蔵宅まで迎えに行って、十二日の晩に一緒に帰って来た。千恵は村の生活に飽きて、以前に一年以上住んでいたことのある庄蔵宅に逗留して江戸の生活を楽しんだに違いない。

町人の養女になって御屋敷奉公のキャリアを積んでいくという千恵の将来設計は挫折したが、次に藤右衛門が企てた計画は、千恵にしかるべき町人と婚儀を結ばせ、江戸商家の御内儀の座に押し上げることであった。

第二章　商家に嫁す

1　縁談と婚儀

文化十一（一八一四）年九月二十六日に、千恵の縁談の話が初めて登場する。

（文化十一年九月）廿六日癸丑《きちゅう》　晴天　朝曇り
今日、富沢町古着屋ニテ、山田屋惣八と申す者罷《まか》り越し、
お千恵縁談の世話ニ参り、始テ対面致し候
〔二巻、三六一頁〕

この日、のちに千恵の縁談の仲人《なこうど》役になる男、江戸日本橋の富沢町で古着屋を営む山田屋惣八が、初めて関口家を訪れた。惣八は、翌日関口家の隣家である藤屋忠助と一緒に出府《しゅっぷ》しているところをみると、藤屋の紹介で来訪したものと思われる。二十八日に帰宅した藤屋から、千恵の見合いの相手は、

江戸日本橋近くの油町松坂屋弥助《やすけ》と決まったので、十月二日には惣八方へ行くようにと伝えられた。

初めての江戸町人との見合いということで、父娘とも準備に慎重で、三十日に藤右衛門《とうえもん》は千恵と荷持ちを連れて出府、千恵はその日、茅場町《かやばちょう》三木屋に止宿、翌十月朔日には親子で山田屋惣八宅を訪ね泊まっている。土産《みやげ》には地元から持参したあいなめ十尾と、一〇〇文《もん》で購入した饅頭《まんじゅう》であった。

二日には「今日、浅草観音奥山茶屋ニテ油町松坂屋弥助母其外《そのほか》共、見合致し候」（二巻、三六二頁）とあって、かねて設定されていた浅草の奥山茶屋の座敷で、相手方と面会したのである。茶屋の座敷を借りて見合いをするのが当時の町方風の仕来《しきた》りだったのであろうか。その日は惣八宅に二人で泊まったが、翌日は新川の佃屋庄蔵宅へ廻って、父親は他所の用事も済ませ五日には生麦《なまむぎ》村に帰るが、千恵はそのまま庄蔵宅に泊まっている。

帰村していた藤右衛門に八日、庄蔵から便りがあった。手紙の趣旨は「但馬屋《たじまや》庄兵衛方へ相談致したきに付き、藤右衛門出府致し候ように」というものであった。これを受けて藤右衛門は十日に出府、庄蔵宅へ寄って対談の後、十三日に千恵と一緒に帰宅している。そして十七日には、出府する孫次郎に新川庄蔵宛の「先達《せんだつ》て世話致しくれ候通り、油町但馬屋へお千恵縁組の義、相究《あいき》め申すべし」（二巻、三六四頁）とする手紙を持たせている。上記のやり取りをみると、見合い相手の松坂屋の代理を同じ町内の但馬屋が勤めているようで、関口家の代理である新川庄蔵との間で双方の意向を伝え合っていたのであろう。しかしその後の進展がみられず、どうやらこの見合いは不首尾に終わったようである。

文化十二年三月七日には子安《こやす》村の海保孫右衛門が江戸安針《あんじん》町の名主鷲右衛門と同伴で関口家を訪れているが、これは鷲右衛門の息子の嫁に千恵を欲しいという縁談の申し込みであった〔二巻、三八六頁〕。また同月二十八日には、山田屋惣八の紹介を受けた江戸両国若松町の川村喜兵衛が立ち寄ったが、用件は「娘縁談之儀」であった。二つの縁談が持ち込まれると、藤右衛門は四月三日に子安村の海保氏には名主《なぬし》の相役を勤める十左衛門を通じて、「安針町へ縁談之儀、口入《くちいれ》致しくれられ候得共、心底叶わず、御籤之容子《みくじのようす》も宜《よろ》しからず」との口上で断りを入れた。おみくじの結果を理由にするのは、当時の断る際の常套手段だったのであろうか。「然《しか》る上は、若松町川村喜兵衛殿方へ取組申し候積りに、山田屋惣八殿方約束いたし候」〔二巻、三八九頁〕とあって、川村家との縁談を進めるよう山田屋惣八に回答をした。

川村家との縁談を選んだ理由はわからないが、いったん決めると藤右衛門の行動は速かった。翌四日には出府して富沢町の山田屋惣八宅を訪れるや、さっそく川村家からの結納《ゆいのう》請取書を書いている。請取書は、ただちに惣八の内儀《ないぎ》が先方の川村家に届けている。つまり、縁組を承諾した意を示すために、結納の請取書を先に書いてしまい、結納の催促をしたものであろう。関口家では、婚礼に必要な費用の内渡しとして金一〇両を山田屋へ預けている。翌日、藤右衛門は川村家から長熨斗《ながのし》目録付きの結納書を受け取って帰宅している。

結納之覚

入金千疋　帯代
入金五百疋　するめ
苧
昆布　代
樽壱荷

〔二巻、三九〇頁〕

結納金は、帯代として一〇〇〇疋（銭一〇貫文）、するめ、苧《からむし》、昆布《こんぶ》、酒樽代を合わせて五〇〇疋（銭五貫文）であった。ほかの例と比較してみると、文化九年四月、姉しげの婚儀に際して鶴見村六郎右衛門方から送られた結納は、媒酌人《ばいしゃくにん》が六人の荷持ち人を連れて、直接関口家へ結納品を持参しており、その品目は、樽一荷、鰹節《かつおぶし》一連、帯代金五〇〇疋、末広《すえひろ》（扇）一箱、苧二把、昆布二把、するめ二連であった。また、千恵の伊藤家との養女縁組の際には、既述のように伊藤家の手代《てだい》や取持ち人が立会いのもと、帯二筋、塩鯛一折、昆布二把、するめ二連、樽一荷が持ち込まれていた。今回の品目は、上記二回に比べやや手軽になっているうえに、夫と仲人の側から花嫁の家に結納品を持ち込むという手順を踏まずに、花嫁の父親が仲人家で結納目録を受け取るという簡便化した方法で行われている。藤右衛門としては、近時二回結納を受け入れた経験から、煩雑な宴席の準備よりも、実質的な婚礼の準備に重点を置いたのではあるまいか。千恵にしても二回目の結納であれば、さほどこだわりはなかったであろう。

あわただしく嫁入りの準備が始まったので、日記に沿って紹介していこう。四月六日には、孫次郎に頼んで千恵の着物類を富沢町の山田屋まで運んでいる。九日にも「富沢町へお千恵道具並びに着類長持《ながもち》ニテ遣す」とあり、千恵が江戸の御屋敷奉公のあいだに溜め込んだと思われる衣装を入れた長持を、孫次郎と次郎吉の二人に頼んで山田屋まで持ち込んでいる。また尾張町《おわりちょう》亀屋からは「緋紹《ひろ》壱尺七寸、白絽右同断、下〆丸くけ壱、白晒木綿《さらしもめん》壱丈弐尺」「白縮緬《ちりめん》三尺、紫縮緬半襟《はんえり》壱、白練《ね》り半襟壱」を取り揃えている。またこの日には、早くも姉しげと夫の六郎右衛門が訪ねてきて、千恵の祝儀として金二〇〇疋を届けている。

四月十四日には、藤右衛門が千恵を駕籠《かご》に乗せて、江戸金杉町の近江屋まで送り届け、千恵はそこで衣裳の準備をするなど婚礼まで待機した。いっぽう藤右衛門は、富沢町の山田屋へ廻り、千恵の仕《し》度《たく》金として金二〇両を預けている。すでに四日に一〇両を渡しているので、計三〇両を預けたことになる。関口家にとっても現金で三〇両をすぐに調達することは困難だったので、うち一〇両は米屋の今出屋久蔵方より借用している。この金はのちに(五月四日)、米の売掛販売の代金が回収されたときに利息付きで返済している。藤右衛門は十四日から山田屋に泊まり、千恵のために鼈甲《べっこう》の笄《こうがい》、日傘を購入するなど、こまごまとした婚礼までの準備をしているが、十六日に仕事が一段落し、村へ帰っている。

婚礼の前後については、日記の記事のすべてを引いておこう。

（文化十二年四月）十八日壬申《じんしん》　細雨　朝の内降《ふり》強し、巳刻《みのこく》より晴天
江戸山惣《やまそう》ニテお千恵婚礼入用諸式出来《しゅったい》候間、お家（伊恵《いえ》）に見せ申したきニ付、参り候様伝言これあり

依テお家出府、雨天道悪《あ》しく、駕籠ニテ金杉迄遣ス、（中略）供　甚吉召連候
今日、両国若松町川村へ、お千恵婚礼、此方よりお家罷《まか》り越し、差添《さしぞえ》
（文化十二年四月）十九日甲戌《こうじゅつ》　朝曇り、雰少々降
（文化十二年四月）廿日乙亥《いつがい》　曇り、巳刻前よりはる丶、未刻《ひつじ》雷雨降
今日、お家江戸より帰ル、
婚礼振舞《ふるまい》の引物品々持参、甚吉一同帰ル
〔二巻、四七四〜四七五頁〕

四月十八日に、山田屋惣八方から千恵の「婚礼入用諸式」が整ったので、母親の伊恵に見せたいとの伝言が届いた。伊恵は雨のなか駕籠で出向いている。おそらくは婚礼衣装の着付けに立ち会ったのであろう。翌十九日は、川村家で千恵の婚礼が挙行され、伊恵が差添え役で出席した。そして二十日には、伊恵が江戸から帰り、婚礼の引き出物の数々を持参してきた、と記している。以上、婚礼の準備が詳しいのに比して、川村家で行われた婚礼の儀式についての記述はあっさりしている。これも、当時の婚礼は嫁が夫の家に入る儀式であり、つまり川村家に千恵が嫁すものであるから、千恵の父親

には参加する余地はなく、わずかに千恵の母親が花嫁の差添え人として出席したのである。日記は藤右衛門の眼から書かれているので、婚礼の模様は、わずかに伊恵が持ち帰った婚礼振舞の引出物の品々という記述から想像するしかない。

婚礼から半月が過ぎた五月五日に、藤右衛門は江戸の山田屋惣八を訪ね、媒酌の謝礼として金三両を手渡したが、惣八は「内金壱両弐分請取らる」とあり、半額しか受け取らなかったようである。

関口家の喜びは、新婦が結婚後初めて実家を訪れる里開《さとびら》きのときを待たねばならなかった。五月九日、川村松五郎と千恵の新婚夫婦のほかに、川村家から母親と妹、媒酌人の山田屋、ほかに男二人と下女一人の総勢八人が江戸から到着した〔二巻、四七九頁〕。舅《しゅうと》の喜兵衛が来ないのは、婚礼に藤右衛門が不参だったことに対応するのであろう。関口家では、江戸からの大勢の客人を迎える準備に、大工を頼んで台所の敷居《しきい》、鴨居《かもい》の拵《こしら》え仕事、畳の張替えを行い、前日には障子《しょうじ》唐紙《からかみ》の張替えをし、裏の柾《まさき》を刈り、生垣《いけがき》を結うなどの作業をしている。関口家は、三年前に姉しげの里開きの宴を経験していたが、農家同士の付き合いと違って、やはり江戸の商家の人たちを迎えるとなれば、相応の準備が必要だったのであろう。この日のために、料理方として源兵衛たち四人、髪結《かみゆ》い二人、走り人足として孫次郎ら二人を頼んでいる。

宴会には、相伴《しょうばん》人として隣家の藤屋、しげの夫の六郎右衛門、長五郎の三人を招き、給仕人としてはしげら六人の女性軍に応援を頼んでいる。午後から始まった宴席の主客は若夫婦と姑《しゅうとめ》であったから、話題は自ずと東海道の道行《みちゆき》、あるいは江戸と村の生活との比較などだったのではあるまいか。また村役人一同からの酒二升をはじめ、親類、近隣の人たちから、いなだ、たなご、鯵《あじ》、こち、あいなめ等の鮮魚を祝儀としてもらい受け、宴の食卓をにぎわせた。かくして関口家の娘が江戸の商家川村家に嫁入りしたことが村中にもお披露目《ひろめ》されたわけである。

一晩明けた十日の昼過ぎには、客人たちは江戸へ帰って行った。一行は往復ともに二挺の駕籠を使っているが、おそらく一挺は母親、もう一挺は媒酌人であろう。往きの駕籠を担いだ四人には関口家が八〇〇文の祝儀を渡している。帰りの駕籠二挺は関口家で用意している。このうち一挺は六郷《ろくごう》川まで行って帰って来ており、もう一挺は江戸まで行って担ぎ人は先方で泊まっている。関口家では自家に駕籠を備えていたが、特別な客人とか、悪天候の際に使うのみで、ふだん当主の藤右衛門が江戸の代官所《だいかんしょ》へ出かけるときにも使用していない。

2　婚家と実家

千恵と松五郎の婚姻を契機に、生麦村の百姓関口家と江戸両国の町人川村家との間に新しい関係が生まれ、両家の人びとの交流は繁くなった。里開きの後、文化十二年五月十四日には、舅の川村喜兵衛が来訪、藤右衛門と酒を酌み交わし、その夜は一泊、翌朝江の島参詣に向けて出立した。十八日には帰途にふたたび訪れたので、隣の藤屋から、魚、蒲焼《かばや》き、酒を取り寄せて接待している。翌十九日には、旅の連れであった湯屋の勘七という男もやって来て、朝から盃を交わし、昼過ぎになってようやく二人は江戸へ帰って行った。同じころ松五郎の弟も親類の男と一緒に大山参詣の途中に立ち寄っている。十月には松五郎が上野の伯父と供一人を連れて、川崎大師《かわさきだいし》参詣のついでに立ち寄って一泊している。松五郎は更紗《さらさ》梅一曲と御詰御茶を土産に持参したのに対し、関口家では、柿と梨をお返しに持たせている。そして夜は、例によって藤屋から蒲焼きと上酒を取り寄せている。

　関口家の側からは、この年七月に、母親伊恵と姉しげが一緒に駕籠で江戸へ出かけ、川村家にも逗留している。これより先六月二十四日にしげが「懐妊の所、今朝転び、足引き釣りかけ候趣、昼頃知らせ来り、早速お家罷り越し候」〔二巻、四八八頁〕という記事があり、しげが最初の妊娠中に転んだという婚家からの知らせで、母親がさっそく駆けつけるという事件があった。その後七月に入って「お滋呼《しげ》寄せ逗留致させ、薬用いたし候」とあって、実家に呼び寄せ養生させていた。その後の経過もよく、安定したものとみえ、七月十七日に母娘で出府したのである〔二巻、四九三頁〕。農家に嫁《か》したしげにとっては、出産準備のために実家に戻り、また妹を訪ねて昔懐かしい江戸へ赴くのは、心休まる一時であったに違いない。伊恵としげは、はじめ金杉町近江屋に数日滞在したあと、千恵のいる両国の川村家に赴いて七日間滞在し、同月二十七日に帰村している。このときも身重の身体を気遣って、生麦村から両国へ駕籠を差し向けている。関口家からの土産は重箱一重と、しげの持参した梨であるが、これに対して川村家からは鰹節三本と茶半斤を土産に持たされている。

藤右衛門が、出府の折に若松町の川村家に寄って止宿することもあった。八月二十九日には、一緒に出府した次男の可吉《かきち》を築地《つきじ》の漢学塾に預け、その日は富沢町の山田屋に宿をとったが、翌三十日は馬喰町《ばくろちょう》の大坂屋次兵衛宅に泊まり、九月朔日には千恵を訪ね川村家に一泊している〔二巻、五〇〇頁〕。また九月十七日に出府した際は、用事を兼ねて湯島天神下《ゆしまてんじん》や日暮里《にっぽり》に宿をとったあと、同月二十一・二十二日には川村家に泊まっている。このときは、五月に喜兵衛と一緒に江の島参詣の途中、関口家に立ち寄って酒食をともにした湯屋勘七の家で昼飯を馳走《ちそう》になっている。

以上、結婚した五月から年末までの半年間、文化十二年における両家の交流の様子をたどってみたのであるが、その後千恵が出産する文政二(一八一九)年八月までの四年間に川村家の家族が関口家を訪れた事例を表3にまとめてみた。さらに両家の間で行われた贈答品のやり取りの様子を表4に示した。日記の性格上、表3はほぼすべてのケースを網羅していると考えてよく、表4では簡単な手土産品などは記述漏れがあるかもしれないが、おおよその傾向をみることはできよう。なお関口家の家族が川村家を訪ねるケースについては表を省略したが、父藤右衛門と母伊恵は、毎年数回出府する折に川村家を訪れ、娘千恵の顔を見ている。

表3を参考にして、松五郎と千恵の生麦村来訪の事情をみておくこととしよう。文化十三年正月十

表3　川村家から関口家への来泊一覧

年　月　日	来　泊　者	備考(行先，期間，理由など)
文化12．5．9 (1815)	松五郎，千恵，母，妹	里開き
5．14	喜兵衛	江の島
5．18	三男当次郎，下谷の親類	大山参詣
10．9	松五郎，上野の伯父	川崎大師参詣
文化13．1．12 (1816)	松五郎	年始
3．9	松五郎，近所の屋敷用人	江の島，釣り
3．21	喜兵衛，千恵	喜兵衛は新宿へ 千恵は子生観音参詣，29日帰府
文化14．3．21 (1817)	松五郎，千恵	23日まで滞在
5．9	松五郎	湯治，27日帰途立寄り
文化15．1．16 (1818)	松五郎	年始と米代金支払い
2．26	千恵	晦日まで滞在
文政1．6．5 (1818)	松五郎，元浜町安兵衛	神奈川
8．15	喜兵衛夫妻	熱海湯治，9月7日帰途立寄り
文政2．4．6 (1819)	松五郎，千恵，供の定吉	小田原，江の島，鎌倉
閏4．17	喜兵衛夫妻，娘里	小田原
5．16	松五郎	小田原
7．10	千恵	出産準備，10月2日まで滞在
8．5	松五郎	千恵見舞い
8．8	松五郎	竹次郎と対面

二日には松五郎が来訪し、近所にも年始回りをしている〔三巻、四頁〕。三月二十一日に、千恵は舅喜兵衛と一緒に駕籠でやって来た。喜兵衛は所用で他所へ廻ったが、千恵は九日間ほど実家に逗留し、母親や姉しげ、弟可吉らと近所の子育て信仰のある子生観音《こいけかんのん》に参詣したり、親戚を訪ねて数日を楽しみ、同月二十九日に父親に送られて江戸へ帰っている。翌文化十四年三月二十一日に、千恵は夫松五郎と一緒に里帰りし、二日ほど逗留しているが、この間関口家では、料理屋から鮓《すし》、蒲焼き、蕎麦《そば》などを取り寄せて接待し、土産には魚類二籠、蕎麦一重を持たせている。

文化十五年には、母伊恵が川村家へ

迎えに行き、二月二十六日に千恵を連れて帰村した〔三巻、一二四七頁〕。千恵は逗留の間、鶴見の姉の家に行ったりして日を過ごし、三十日に父藤右衛門に伴われて駕籠で帰府した。土産には「草餅一重、小麦粉一重、蕎麦一重、胡麻《ごま》一袋、蛤《はまぐり》少々、肴一籠、白魚一チョホ、梨子五つ」と大量の土地の産物を荷持ち人に持たせて江戸に向かい、帰りには川村家からお返しとして味醂《みりん》酒をもらっている。このように、千恵は年に一回は里帰りしており、二人の間に子供がいなかったとはいえ、かなり恵まれた境遇にあったといえよう。

ところで川村家が、どのような商家であったかはよくわかってはいない。当主の喜兵衛夫妻が、熱海へ湯治に出かけたり、小田原へ参詣に行くなど、長期の日程で旅をしているところをみると、この時期は経営にゆとりのある状態にあったと考えられる。松五郎の旅の相棒は「近所の屋敷用人」〔文化十三年三月九日、三巻、一四頁〕や「筆毛問屋八兵衛」〔文化十四年五月九日、三巻、一五五頁〕などとあった。また喜兵衛や松五郎は旅に供を連れている点から、奉公人を抱えて店を持つ商家であろうと思われる。

表4のうち、川村家から関口家へ贈った物品を検討すると、喜兵衛や松五郎が自ら手土産で持参する場合は、外で購入したと思われる金平糖《コンペイトー》、茶、餅菓子、干菓子などであるが、両国を訪れた客に手渡す土産や、たんにお返しとして渡す場合は味醂酒であることが多い。川村家は味醂酒を扱う商店であると思われる。以上の物品のやり取りは、親戚関係を結んでいる関口・川村両家の交際を示す儀礼

表4　関口・川村両家の間の贈答

年　月　日	関口より川村へ	川村より関口へ	備　考
文化12. 7 .20 (1815)	重箱1重		利恵持参
7 .27		鰹節3本, 茶半斤	しげ帰村につき
10. 9		更紗梅1曲, 茶	松五郎持参
文化14. 3 .23 (1817)	魚2籠, 蕎麦1重		松五郎帰府につき
4 .21		味醂酒1升	使いの孫次郎へ
7 .23		味醂酒, 素麺	伊恵帰村につき
12.20	牛蒡1把, きなこ, 甘酒, 蜀黍粉		歳暮
文化15. 3 . 1 (1818)	草餅, 小麦粉, 蕎麦, 胡麻, 蛤, 肴, 梨子		千恵持参
3 . 1		味醂酒	藤右衛門帰村につき
文政1 . 8 .15 (1818)		金平糖	喜兵衛持参
文政2 . 4 .13 (1819)	鮓, せいご, かれい		松五郎帰府につき
5 .16		山本山茶半斤	松五郎持参
5 .22	桃		松五郎帰府につき
7 . 9	梨, 小麦粉, 挽割麦, 鮓		伊恵持参
7 .10		鰹節3本, 味醂酒	千恵持参
8 . 5		餅菓子, 干菓子	松五郎持参

的な贈答であるが、このほかに貨幣を介在させた商品取引の関係も生まれていたので、次にその点に注目したい。

　関口家と川村家の間に米穀の取引が窺える記事が、文化十四年十二月十三日の日記に初めて見られる。

　(文化十四年十二月)十三日壬午《じんご》
　　晴天
　藤右衛門御蔵納《おくらおさめ》相済せ帰ル(中
　略)
　　一　米九俵也　　両国川村へ預
　　　け置申候
　　　　　　　　　〔三巻、一九五頁〕

　翌文化十五年正月十六日夕方に、両国の川村松五郎は関口家を訪問しているが、十七日の日記に、次のように記されている。
（文化十五年正月）十七日乙卯《いつぼう》　晴天（中略）
入金五両也　川村松五郎　米代請取
但、旧冬米九俵相渡し置、勘定致さず預り置候
〔三巻、二〇四頁〕
さらに、この米九俵の勘定については、この日記の巻末に「両国米之覚」として、次のように記されている。
一　米九俵　但《ただし》三斗九升入　九斗八升替
代銀弐百拾四匁九分
外《ほか》三百文船賃《ふなちん》立替
此銀弐匁五分八厘
此金三両弐分ト七匁四分八厘
此所へ金五両預り置　寅正月十六日
預り過金壱両壱分弐朱　銀弐厘
〔三巻、二〇八頁〕
以上の断片的な日記の記事を整理してみよう。まず文化十四年十二月に藤右衛門が年貢米の御蔵納

めで出府した際に、自分の米九俵を両国の川村家へ預ける手筈をとったものと思われる。「両国米之覚」にある船賃の三〇〇文とは、生麦村から両国までではなく、蔵前から両国までのものと解されるが、とすれば年貢米を廻送する船に名主の特権で自分の米を乗せて運んだものであろう。米九俵は、一俵を三斗九升入りで計算すると、三石五斗一升になり、これを金一両につき九斗八升の米相場と、金一両につき銀六〇匁の貨幣相場で換算し、さらに船賃を加算すると、米九俵の価格、金三両二分ト銀七匁四分八厘が算出され、これが川村家への貸しとなる。これに対して川村松五郎は金五両を支払ったので、精算すると金一両一分二朱ト銀二厘の預かり過ぎという勘定になったというのである。

両家の米取引については、その後文政四年五月まで断続的に行われていることがわかる。その取引の詳細は、勘定帳などの金銭帳簿がないので不明の点も多いが、文化十四年から文政二年まで、日記に示された記述を整理して表示したものが表5である。これによると、文化十四年十二月から翌々年の文政二年十月までの二年間に八六俵余の米穀を関口家から送り出し、その後も数量は減少するが文政四年まで送り続けている。しだいに代金の入金が滞りがちになるが、その点については後述したい。米の運送については、文化十四年の暮れのように年貢米と一緒に江戸まで運ぶこともあったが、それ以外は「川村へ米拾俵、市左衛門船にて送り遣す、今朝出帆いたし候」(文政二年六月五日、三巻、四〇一頁)とあるように、生麦の湊から出航する船を利用して運んでいる。

関口家は三町五反余の田地を保有する地主で、その多くを小作《こさく》に出していることは前に述べた。こ

表5　関口家から川村家へ米の送り出し一覧

送り出し年月	送り出し俵数	単価（1両につき）	代　金	預かり月日	預かり金
文化14.12 (1817)	俵 9	石 斗 升 0.9 8	3両2分, 7匁4分8厘	文政1.1.16	両 5
	10	1.0 3	3両3分, 8匁		
	15	1.0 5	5両2分, 12匁8分	文政1.6.20	10
文政1.7 (1818)	10	1.0 6	3両3分, 1匁4分5厘		
小計	44		16両2分, 29匁7分3厘		15
文政2.3 (1819)	10	1.2 8	6両1分		
6	10	1.2 8	6両1分		
8	12		3両3分		
10	10		3両2分	文政2.12.9	5
小計	42		13両2分		5

の土地から収納される小作料や、その米販売の仕組みについては明らかにされていないけれども、川村家へ運送される米穀の大半が、関口家の小作米と近在の収穫米であるとみて差し支えないであろう。このように年間で四、五十俵に及ぶ大量の米を、親類同士とはいえ、農村から江戸へ向けて、仲買などの仲介者を経ることなく直接取引していることは注目される。江戸周辺の米流通を考えるうえで、一つの知見である。

さて、これまでみてきたように、千恵の婚姻によって、関口家と江戸両国の商家川村家とは、家族同士の親密な交流が行われるようになった。川村家にとっては、湘南《しょうなん》、東海道方面へ旅するときの中継地、宿泊所として便利な存在であったし、関口家にとっても江戸商人との付き合いは歓迎すべきことであったに違いない。しかも米穀の販売ルートが確保できるとすれば、経済的な便益も計り知れないものがあった。

両家の交際が順調であれば、千恵にとってもこの上なく幸せな結婚生活といえるのではなかろうか。

3 男子誕生

文政二（一八一九）年、千恵の懐妊がようやく叶えられた。この年四月六日に、千恵は夫松五郎と一緒に供一人を連れて里帰りしている〔三巻、三七六頁〕。この年の八月に出産したことから逆算すると、ほぼ妊娠六カ月目に当たり、千恵の容態が安定したころを見計らったものと思われる。

今回の旅の目的は、小田原の観正上人《かんしょうしょうにん》を参詣《さんけい》することにあり、帰りに余裕があれば江の島・鎌倉を廻ってくることも予定されていた。観正上人とは、文政初年から小田原で加持祈禱《かじきとう》をする遊行僧《ゆぎょうそう》として知られ、彼の祈禱は霊験《れいげん》が高いと江戸にまで評判が広がっていたという。この世評を聞いた松五郎と千恵は、妊娠中にもかかわらず、安産を祈願して小田原参りを計画したものであろう。旅には、鶴見から千恵の姉しげとその子供も同行した。しげの子供は、文化十四年六月に生まれた女子で、このときは生後一年十カ月、まだ自分の足で歩くこともできないから、関口家から駕籠と人足を提供している。四月八日に生麦村を出発し、ゆっくりした旅程で小田原を廻り、十二日に神奈川宿に宿泊、翌十三日に生麦村に帰着したが、その日のうちに江戸へ向けて帰って行った。帰りは千恵に駕籠を用意し、鮓と魚類を土産に持たせている。この旅の印象がよかったものか、松五郎夫妻に勧められて、川村喜兵衛夫妻も娘を連れて、翌月の閏四月に観正上人の祈禱を受けるべく小田原へ参っており、その途中には生麦村へ立ち寄っている。さらに五月には、松五郎が友人と一緒に再度の観正上人詣でをしており、その往復にも立ち寄っている。

さて七月九日には、生麦村から母親の伊恵が、二人の駕籠人足を従えて両国まで出向いている(三巻、四〇七頁)。千恵が実家に戻って出産する約束が両家で交わされていたのであろう。伊恵は、川村家に一泊すると、翌十日には千恵を駕籠に乗せて連れ帰ったのである。千恵には、荷持ちの者が一人ついてきており、彼女の衣装や身の回りの品と川村家からの土産品(鰹節三本と味醂酒一升)を生麦村まで運んでいる。

千恵は実家に落ち着くと、母親と鶴見村から駆けつけた姉の世話で出産の準備を進めていた。出産予定日に近くなった八月五日の夜分に、両国から松五郎が妻の容態を見にやって来た。しかし千恵の大きなおなかを見れば一安心、男にはほかにすることもなく、翌日夜には、隣の料理屋の藤屋から蒲焼き十五本と上酒五合を取り寄せ、それに肴には鰹の煮つけ、いなだの煮つけも付けて、藤右衛門と遅くまで話し込んでいる。夜遅くになって、草履《ぞうり》をもらって松五郎は帰って行った。話の席には当然千恵も加わっていたと思われるが、夫が帰った夜半からにわかに産気づき、八月七日の明け方に男子を出産した。藤右衛門は次のように記している。

（文政二年八月）六日乙未《いつび》　曇り　朝の内はる丶（中略）今夜四ツ時より、お千恵事虫気《むしけ》付き、夜中少々宛《ずつ》痛ミ、七日暁、日ノ出ニ安産仕候、男子出生

〔三巻、四一四頁〕

早速、両国へ人を遣って、千恵の安産を知らせると、八日の昼過ぎには松五郎がやって来て、わが子の顔を見ると、一泊して帰っていった。

男子誕生とともに、親類や近所の家々からは、魚介類など祝い品が届けられている。八月十三日には、生後七日目を祝うお七夜《しちや》の会があった。この会に招かれた人びとは、「取揚婆々《とりあげばば》、腰抱《こしだき》久左衛門、乳付《ちつけ》鎌太郎妻」たち出産時に立ち会った三人のほか、沢、ひさ、藤屋老母ら、この時期世話になった三人の女性、それに姉のしげが同席した。このとき、「取揚婆々」（産婆）には、謝礼として二朱ト二〇〇文を支払い、また座産のときに妊婦を背後から支えた「腰抱」の久左衛門には銭二〇〇文、髪結《かみゆ》いには銭一〇〇文の謝礼を支払っている。ちなみに、七月九日に伊恵と生麦から江戸両国まで往復した駕籠人足には一人につき銭五〇〇文を支払っていた。

八月十六日、松五郎に宛てて文を出したところ、行き違いで両国から使いの者が来て手紙が届けられた。日記には「松五郎病気の趣、知らせ来たり、痢病の由。小児附名書付、返事ニ竹次郎《たけじろう》と名付け

申候」〔三巻、四一七頁〕とあって、子供には竹次郎と命名することと、松五郎が胃腸の病を発症し病床にあることを報じてきた。十九日になって、藤右衛門は年貢秋成金《あきなり》の上納のために江戸へ出かけたその足で、両国に向かい松五郎の見舞いに立ち寄っている。その後も、手紙のやり取りや知人からの知らせによって消息を確かめ合っていたが、九月六日に両国から届けられた手紙で、病人が快方に向かっていると伝えられ、ほっとした思いをもったのではあるまいか。翌七日は、竹次郎の生後一カ月の宮参りの祝いに当たるので、赤小豆飯《あかあずきめし》を炊いて近所に配っている。

4　夫との死別

文政二年九月二十九日、藤右衛門は出府して代官役所で公務を済ませたあとに、両国を訪ねたところ、川村家ではちょうど下男を生麦村に送り、千恵と赤子を迎えにやったところだった。関口家では急なことだったので、とりあえず荷物だけをまとめて使いの下男に持たせて帰し、十月二日に改めて伊恵が付き添って、千恵と竹次郎を駕籠に乗せて両国に送り届けている〔三巻、四二六頁〕。千恵が二カ月ぶりで会う夫は、かつて両国と生麦村の間を元気に往復したころとは違い、「痢病《りびょう》」にあって衰弱した身体であった。それだけに千恵にとって親子三人の病床での面会は、どのような感慨をもたらしたであろうか。伊恵は、帰る途中に富沢町の山田屋に立ち寄って、生まれたばかりの竹次郎のために小袖《こそで》二つを注文している。

千恵を送り出して七日目、十月九日の夜に、両国へ松五郎の容態を見にやっていた伝七が生麦村に戻って来て、「松五郎儀、甚だ危篤《きとく》の症に相成り候由、明日にも出府致し候様、娘方より申し遣わし候」とのこと、すなわち松五郎が危篤なので、明日にも来てほしいとの千恵からの伝言であった。そのすぐあとに、これを追いかけるように四ツ半頃(深夜十一時)、江戸から飛脚《ひきゃく》が来て、松五郎の病死を知らせてきた〔三巻、四二八頁〕。藤右衛門は、十日早朝からすぐに、雨の降るなかを両国へ向かった。

十一日、両国の川村家において松五郎の葬儀が行われた。藤右衛門は、長男享二《きょうじ》、しげの夫六郎右衛門を伴って参列し、香花《こうげ》料として金二分を供えた。千恵は、出産の喜びを味わったのも束の間で、病床の夫松五郎と竹次郎と三人の水入らずの生活は、わずか八日間で終止符を打たれたのであった。

川村家ではさらに不幸が続き、十一月九日には喜兵衛の妻がかねてからの病気が悪化して死去、十一日には出棺葬送が行われ、藤右衛門も参列した。今回も青物《あおもの》料として金二分を供えている。夫と姑を一挙に亡くし、女手がなくなった川村家において、生まれたばかりの乳飲み子を抱えた千恵の生活が始まるのである。

まず、竹次郎については、祖父の藤右衛門もいろいろと心配りをしていることが日記からも窺える。

十月十九日の日記によると、藤右衛門は神奈川の山田屋清兵衛に、「竹次郎袖なし羽織《はおり》」を両国の川村家まで届けてほしいと頼んでいる。前もって千恵から依頼されていたのだろうか。その後も、川村家とは手紙のやり取りや、伊恵が訪ねたりして何か相談をしている様子が窺えるが、その相談事の一つが次の記事と関連があるかもしれない。十一月二十三日には「大師ケ原《だいしがはら》辺より半乳母《めのと》、江戸お千恵方へ相抱え候に付き、末吉世話人連れ来ル」とある。千恵の母乳の出が思わしくないので、実家に乳母探しを頼んだところ、川崎の大師ケ原で適任者が見つかり川村家へ送り込むことになったので、世話人が挨拶に来たというのであろう。翌文政三年四月一日には、藤右衛門が江戸の代官役所に人別《にんべつ》帳《ちょう》を届けるために出府したが、その翌日に両国の川村家へ立ち寄って、竹次郎の「初節句幟《はつぜっくのぼり》代」として金二分を置いている〔三巻、五二三頁〕。

松五郎の没した文政二年の暮れにも、関口家では川村家に対し恒例の歳暮《せいぼ》として切粟餅一重、蕎麦粉一袋、牛蒡《ごぼう》二把を伝七が送り届けている。年が明けて文政三年の正月には、藤右衛門は江戸の知人宅の年始回りをして、正月二十三日には川村家に泊まっている。二月十一日には、川村家から年賀の礼として、松五郎の弟である長次郎が関口家を訪れ、年賀の品として茶半斤《きん》、塩竈《しおがま》菓子一袋、扇子《せんす》二本を持参した〔三巻、五一一頁〕。ここでは川村家は喪中であっても年賀を忌避していないこと、川村家からは前年までの松五郎に代わって弟の長次郎が来訪したことに注意しておきたい。両家の間では、中元、歳暮、年賀など親戚同士としての付き合いは以前同様であり、関口家からも所用で出府したときには、江戸の宿として川村家を利用するという関係は続いていた。文政三年十一月三日には、川村家から舅の喜兵衛が関口家を訪れているが、これは関口家の長男亨二が江戸の漢学塾の学業を無事に終えて、名主《なぬし》役の見習いのために帰村したことを祝ったものであった。

文政四年三月十二日には、川村家から喜兵衛と、長次郎の妹に当たる里《さと》とともに、千恵、竹次郎、さらに乳母、供の者、計六名が関口家を訪れ、一泊して帰っている〔四巻、九頁〕。土産は味醂酒一升、鰹節二本、菓子二包、養老糶《しょう》一曲であった。川村家の家族が大挙して関口家を訪れたのは、千恵の里開《さとびら》き以来六年ぶりのことである。日記には来訪の目的については何も記されていないが、おそらくは千恵が長次郎と再婚することを定め、関口家と川村家の結合を新たにするお披露目《ひろめ》の式だったのではないかと察せられる。

川村家では、松五郎が死んだ直後に母親も亡くなったが、義妹の里も生麦村を訪れたあとに結婚して家を出ている。千恵は、夫と義母を失うなかで、舅喜兵衛と義弟長次郎が商売を続けるのを支え、家事のいっさいを担う役目を負ったのである。このような状況のなかで、長次郎と結ばれることは、否応のない選択だったのではあるまいか。

日記には、千恵の再婚の時期を明示する記載はないが、文政五年十一月に千恵の弟亨二が自宅で結婚披露宴を催した折に、「長次郎夫婦、来る」〔四巻、一七〇頁〕と記帳して、両国から長次郎とその妻が出席したことを記し、千恵が長次郎の妻であることを暗示している。亨二の最初の結婚は早い離縁で終わり、文政七年三月には再婚の式を挙げるが、その席には「長次郎、お千恵」が出席したことが明示されている〔四巻、三九二頁〕。

これらの事柄を総合して考えると、千恵は、松五郎の一周忌〔文政三年十月〕が過ぎてから、川村家一同が関口家を訪れる文政四年三月の前後までの時期に、夫の弟長次郎と再婚したものと考えておきたい。川村家一同の訪問は、両家の結びつきを改めて確認する会合であったのである。

千恵は、川村家の主婦の座につくと、以前のように実家に帰る機会は少なくなった。その代わり、千恵は筆まめに父親へ手紙を書いているので、手紙の内容が判明するものを挙げてみよう。

(1)「竹次郎疱瘡《ほうそう》相済み申し候」旨の書状〔文政五年二月七日、四巻、一一八頁〕。当時四歳の竹次郎が疱瘡に罹《かか》ったが、比較的軽く済んだという千恵からの報告である。

(2)「女子の一件に付き、昨日手紙遣わし候処、返事来る」〔文政五年五月二十七日、四巻、一三八頁〕。女子の奉公口について問い合わせたところ、千恵から返事が来たというものだが、その詳細はわからない。

(3)「小笠原様より入らせられ候奥様へお千恵より願入れ候処、本所木村様と申す御医師方にて弟子御入用に候」旨の書状〔文政七年九月六日、四巻、四五三頁〕。これは、弟の可吉の就職を斡旋したもので、千恵が以前に奉公した小笠原家の伝手《つて》で、職探しを頼んでおいたところ、本所の医師が弟子を求めているという情報を得たので、知らせてきたものである。この通報によって、可吉は翌日ただちに出府している。その後十月十四日になって、可吉は本所の医師木下道琢《どうたく》に仕えるために居を移している。

(4)「三田徳兵衛殿より山惣へ結納、去月廿八日に相済み候由」の書状〔文政七年十二月二日、四巻、四七八頁〕。千恵たちの婚儀の媒酌人であった山田屋惣八家の慶事についての情報を、親元へ知らせたものである。

5 離縁

関口家では、松五郎の代から川村家へ米穀を販売していたことは先に記した通りであるが、その代金決済について日記のなかに、次のようなメモが残されている。

川村米代之覚

去る丑十二月より文政四巳年迄四ケ年之内ニ、
都合米百四拾九俵相送り候処、
寅正月より辰九月二十四日迄、
都合代金廿七両弐朱ト醤油拾弐樽取候ニ付、

〆金廿八両弐分弐朱取、
不足廿壱両弐朱　無勘定
当巳四月四日金壱両受取、大丸ニて買いたし候
〔四巻、一〇九頁〕

これによると、文化十四年(「去る丑」)暮れから文政四年までの四年間に合計一四九俵の米を川村家へ送り出し、その代金として二八両余を受け取っているが、まだ二一両二朱が未払いになっているという。この未収金を確認してから以降は、関口家が川村家へ米穀を送り出すことはなくなった。

その後、文政七年十二月二十日に両家の貸借をめぐって、次のような記事が見られる。千恵の母親伊恵が「一昨十八日両国へ参り候節、近所弥兵衛と申者《もうすもの》、長次郎朋輩《ほうはい》にて拠《よんどころ》なき者に付、当十二月差支《さしつかえ》候由《よし》にて我等方にて金弐拾両貸しくれ候様、お千恵長次郎頼ニ付、持参致シ貸遣ス、但酉三月中相返し申候約束ニ御座候」(四巻、四八二頁)、というものである。やや文意の曖昧な箇所もあるが、大要は、長次郎の友人である弥兵衛から、金二〇両を翌年三月に返済する約束で借用したい旨、千恵と長次郎の依頼があったので貸したというものである。この二〇両は、おそらく先に述べた川村家の米代金の未払い分であって、約束の期限に支払えないところから、借用書に切り替えて支払い延期を依頼したものと思われる。翌八年の一年分の日記が欠けているのが残念であるが、文政九年四月八日には「両国長次郎参り候ニ付、去酉年四月中御茶壺ニ罷り越し候節五両貸し遣わし候処、右内金三分今

日持参、残り四両壱分貸ニ成」〔四巻、五四四頁〕とあるので、二〇両の借金のうち一五両は期限の八年四月に返済し、残り五両も改めて借用書を取り交わしたことと思われる。九年四月には、また長次郎がやって来て金三分を返済し、再度期限の延長を行ったものである。なお、この借金が通例と異なって利子の加算が見られないのは、親類間の特別な融通と意識されているからであろう。

両家の関係は、川村家が長次郎の代になってから商売に行き詰まりが生じ、関口家に負債を負うようになって、やがて千恵の立場も微妙になったようである。

文政九年三月、千恵は単身で実家へ帰って来た。前夫松五郎と死別してからは、弟享二の婚礼に夫婦で出席したのを別にすれば、生麦村を訪ねたのは久しぶりのことであった。このときは実家に五日ほど滞在しているが、そのうちの一日は、鶴見村へ嫁していた姉のしげと一緒に墓参りに出かけ、菩提寺《ぼだいじ》の安養寺へ布施《ふせ》を届けるなどして過ごしている。その年九月には、母親の伊恵が久しぶりに江戸へ出向き、千恵のもとに二十日間近く逗留している。日記には、この長期逗留の理由を「両国へ縫物に頼まれ」〔文政九年十月九日、四巻、五八七頁〕としか記していないが、おそらく千恵の今後の身の振り方について、母娘の間でいろいろと話し合ったに相違ない。

十月十七日には、「可吉、夜具・本箱等品々両国より持参致ス」という記事が見える。前後の説明がないけれども、母親伊恵と千恵の話し合いの結果にしたがって、弟の可吉が両国の川村家に赴いて、千恵の持ち物の一部「夜具・本箱等」を持ち帰ったものである。

そして翌文政十年二月二十四日に、「藤右衛門義、去ル十日出府、両国一件内談《ないだん》相済み候ニ付、昨夜三田《みた》止宿ニて今日帰宅」（五巻、九頁）とある。異例の十四日間に及ぶ長い江戸滞在であって、千恵の一件について川村家に長逗留して、談判を詰めていたのである。

そのときの交渉の結果は、離縁《りえん》状として残されているので、読み下しに改めて次に掲げる。

離縁状之事

一私儀身上不如意《しんじょうふにょい》に罷《まか》りなり、取続き出来かね、妻千恵実父へ相談に及び候処、この節に至り取り計らうべき筋これなきに付き、妻千恵儀離別致し候ハバ、身軽に相成り、相応の商売相稼ぎ候はば、以来取続き相成るべき趣、対談納得の上、今般媒酌《はいしゃく》惣八殿へ引渡し離縁致し候に付き、向後何《きょうこういず》方《かた》へ再縁いたし候共、我等において毛頭構《もうとうかま》い御座なく候、勿論、千恵着類・諸道具等、過半借り受け所帯へ賄《まかな》い込み、不埒《ふらち》の儀申し訳御座なく候、その外、前々より千恵実父方にて借り受け置き候米金の分、証文金の外は、残らず御見捨《おみす》て成し下され候段、忝《かたじ》けなき仕《し》

合《あ》わせと存じ奉り候、これに依《よ》り去状《さりじょう》相渡し申し候処、件《くだん》の如し

文政十亥年二月

両国若松町

家主清兵衛店

長次郎父　喜兵衛　㊞

倅　前夫　長次郎　㊉

媒酌　惣八殿

前妻　お千恵との

〔関口栓家文書〕

この異例に長い離縁状は、差出人が前夫の長次郎と義父川村喜兵衛の連名であり、宛先人は媒酌人の惣八と前妻千恵の両名になっている。日付は、ちょうど千恵の父親である藤右衛門が川村家滞在中の文政十年二月になっていることがわかる。藤右衛門と喜兵衛の談合の結果、到達した文面であろう。

江戸時代における離縁状は、俗に「三行半《みくだりはん》」と呼ばれ、模範文例などで見られるように、

我等勝手《われらかって》につき

この度《たび》離縁致し候

今後は何方《いずかた》へ嫁ぎ候共、構《かま》い

御座なく候

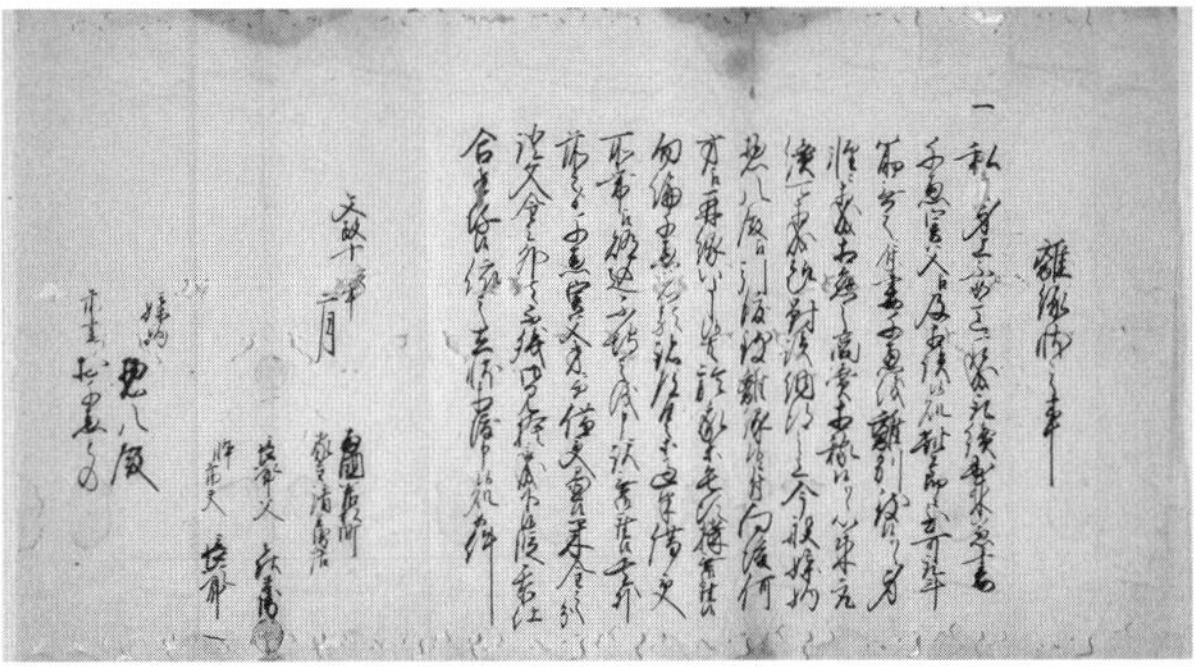
離縁状（関口詮家文書，文政10〈1827〉年２月）横浜開港資料館蔵

といった簡潔な文面で、この証文を夫から妻宛に手渡すことで庶民の離婚が成立した。離縁の原因は「我等勝手」つまり夫側にあって妻側にはないことを明示し、さらに前夫の離縁証明によって、妻の再婚を容認する証文として機能したものであった（高木一九八七）。

　このような観点から、千恵が受け取った上記の離縁状を見てみたい。前半部分では、離縁の理由として、川村家の「身上不如意」を挙げている。その後、千恵の父親に相談したところ、千恵を離別すれば身軽になって経営も回復するだろうという結論に「対談納得」して離縁したというのである。これは、やや奇妙な論理であるが、この理由で離縁した以上は、今後再縁しても「構い御座なく候」という離縁状の定番で結んでいる。

　証文の後半は、離縁に伴う両家の経済的な債務関係の処理方法の確認である。第一に千恵の嫁入りに際して持って来た着物や衣《い》装《しょう》簞《だん》笥《す》などの道具類は、離縁によって本来は関口家へ送り返すべきものだが、すでに所帯へ賄い込みなので申し訳ないが返済できないとしている。ただ前年十月には、弟可吉が千恵の夜具と本箱を持ち帰っており、この時点で妻側の財産の一部が前もって引き上げられていることがわかる。

第二に、関口家から借り受けた米穀や貨幣については、証文にしたもの以外は「残らず御見捨て」、つまり棄捐《きえん》の処置がとられた。しかし日記で見てきたところによると、米穀代金の支払い滞納分は一時二十数両に達していたものの、ここ数年で借用証文に書き換えたうえで厳しく取り立てたので、実際の借用金はかなり減少していたように思われる。

このようにみてくると、藤右衛門の側には川村家との米穀取引をめぐる代金支払いの長期滞納に不満があったことは確かであろうが、千恵を離別することで川村家の経営が好転するという論理には飛躍があるように思われる。

実は千恵の側にも、最初の夫松五郎と死別したあと、弟長次郎と余儀なく再婚したものの、さまざまな理由から離縁を求める気持ちが募っていたのではないだろうか。これまで見た日記からも、文政九年三月における千恵単身の実家帰り、同年九月には母親伊恵が千恵のもとに長期滞在したこともその兆候とみることができ、同年十月の弟可吉による千恵の荷物の引き取りは、その決定的証拠とみることができよう。このような千恵の気持ちを踏まえて、藤右衛門は右の離縁状の作成に臨んだのであろう。

離縁状では、千恵の子供の扱いについてはまったく触れていない。ここで竹次郎(後に徳次郎と改名）の去就について、日記から読み取れる範囲でさかのぼってみておくことにしよう。

文政五年二月七日の日記には、前述のように「両国川村より二月二日出の書状、今日神奈川より相届、竹次郎疱瘡相済み申し候知らせ状ニ御座候」（四巻、一一八頁）とあって、竹次郎が疱瘡に罹ったが、比較的軽く済んだという報告である。同月十三日に藤右衛門は江戸馬喰町の代官屋敷に出頭したが、公用が済むと江戸の親戚知人宅を廻ったあと、両国川村家にも寄って一〇〇文の菓子を手土産に竹次郎を見舞っている。

翌文政六年七月二十四日、前日に出府していた藤右衛門は、この日「両国子供召し連れ、上野へ始めて罷り越し候、土産に鰹節五本」とあって、おそらくは竹次郎を連れて、上野に住む知人を訪ねているのである。同年の九月十五日には、江戸へ出た藤右衛門は、「一百文　両国徳次郎菓子代」と記し、ここから竹次郎は「徳次郎」と呼ばれるようになっている。竹次郎の数え五歳の誕生日に当たる文政六年八月を機に、幼名の竹次郎から徳次郎に改名したものと考えられる。さらに文政七年八月二十一日には、藤右衛門の出府の際に「一百文　両国徳次郎へ落雁《らくがん》代」と支出を記帳している。

その後、しばらく徳次郎は祖父の日記には登場しないが、千恵の離婚が成立したあと、文政十年三月八日の記事に「一昨七日、お家可吉同道《どうどう》ニて両国徳次郎送り」（五巻、二二一頁）とあって、千恵の母親と弟が、可吉の縁談に伴う衣裳の購入で江戸へ出かけるついでに、徳次郎を両国へ連れ戻しているのである。徳次郎が、いつ生麦村へ来たかの記述がないが、前後の関係を考えると、二月二十三日に藤右衛門が離縁の一件に始末をつけて、両国の川村家から戻って来るときに、幼いときから可愛がっていた徳次郎を連れて来たのではないかと考えられる。藤右衛門は、千恵の離縁に関して自分の意見や感想を述べることはなく、最小限の事実を淡々と記すのであるが、あえて深読みをすれば、千恵が川村家を出るときに、数え九歳の息子との別れのつらさを避けるために、徳次郎を一時千恵の実家で預かることにしたのではあるまいか。千恵が川村家を離れたあと、息子の徳次郎は川村家に残ったことは間違いない。徳次郎については、その後千恵から父親宛の手紙で、「徳次郎、大木戸《おおきど》辺の葉茶売見《み》世《せ》へ奉公の趣」〔文政十三年閏三月二十二日、六巻、一五頁〕と告げており、十二歳の徳次郎が大木戸にある銘茶の小売店に奉公に出たことを報じたのが、息子の消息を伝える最後であった。

千恵は、長次郎と別れることで、十二年間にわたった川村家との縁を断ったのであるが、彼女は生麦村の実家に戻る道も選ばなかった。父親や祖母がお膳立てしてくれたこれまでの人生をリセットした三十一歳の千恵は、江戸において新しい生き方を探っていくのである。

第三章

江戸城大奥

1 源兵衛の世話

文政十(一八二七)年二月、関口藤右衛門《とうえもん》は両国《りょうごく》川村家において離縁状の作成に立ち会うと、すぐに生麦《なまむぎ》村へ帰り、それ以来娘の千恵とは会っていない。父親としては、千恵がまず実家の生麦村へ帰って来ることを期待したであろうから、江戸に残る道を選んだ千恵とは、多少感情のわだかまりがあったことが想像され、少なくとも日記のうえでは、しばらく疎遠な関係になっている。

この二人が顔を合わせたのは、半年後の閏六月二十二日であった。

(文政十年閏六月)廿二日丙申《へいしん》　晴天　酉下刻《とりのげこく》地震

今日は多町《たちょう》源兵衛方へ参り、

夕方中野様御屋敷行、お千恵に逢《あい》、其後源兵衛方泊り

一　百文　　源兵衛方へ　　土産《みやげ》　鮓《すし》代
一　百文　　武蔵屋へ　　　土産代
一　三百文　御屋敷へ参り　土産代

〔五巻、四六頁〕

藤右衛門は、前日に代官所《だいかんしょ》の公務で出府していたが、この日は神田多町の源兵衛方を訪ね、午後には「中野様御屋敷」まで行って千恵と会って来たというのである。夜は源兵衛方に泊まり、翌日生麦村へ帰っている。この訪問では、源兵衛と「御屋敷」に手土産を持参しているが、「武蔵屋」にも源兵衛と同様な土産を持っていっている。

千恵が離婚してから江戸城大奥《おおおく》に奉公するまでの経緯は、父親の記す日記にあまり記されていないので、右の記述から千恵が世話になったと考えられる源兵衛と武蔵屋に関する情報をできるだけ紹介して、この間の事情をたどる材料にしていきたい。

まず多町の住人として登場する源兵衛は、もとは生麦村に居住し「鍛冶屋《かじ》」という屋号をもつ家であった。関口家の系図によると、先代の藤右衛門は、宝暦十三(一七六三)年三月に隣家の鍛冶屋谷川源兵衛の娘利恵《りえ》を妻に迎えている。つまり千恵にとって源兵衛家は祖母利恵の実家に当たるのである。したがって、以前から両家は親戚として年賀や冠婚葬祭の礼を交わしていた。ところが文化十二(一八一五)年に源兵衛は妻に先立たれ、再婚の相手として江戸大門《だいもん》通りに店を構える和泉屋勘兵衛の妹沢《さわ》を迎えると、関口家との関係も新たなものになってきた。和泉屋から沢の母親が生麦村に来ると関口家を訪ねるようになり、その縁で和泉屋が請け出した商売物である質物の流れ物を一一両余でもらい受けるほどの関係になっていた。この時期から源兵衛の経済活動も活発になり、文化十三年十二月には、和泉屋という名前の「酒見世《みせ》」を開き、関口家もここから酒を取り寄せ、盆暮れの節季《せっき》払いには数貫文の支払いをしている。また文化十四年三月には村内外の資産家を対象とした無尽《むじん》会を主宰しており、掛金は一回一両ほどの規模の小さなものであるが、藤右衛門も当初から参加している。江戸和泉屋からの資金援助が想像される。

また文政七年を例にとると、正月五日に源兵衛方の食事に関口家の長男亨二《きょうじ》が招かれており、翌六日には源兵衛の妻沢が改めて年始で関口家を訪れ、酒と吸物を振舞われている。さらに七日には関口家が節振舞《せちぶるま》いとして招待したが源兵衛が欠席したので御膳《ごぜん》を自宅に届けており、両家の間に親しい交流があったことがわかるのである〔四巻、三〇九頁〕。また文政七年四月に、源兵衛夫妻は、藤右衛門の長女しげたちと一緒に箱根の温泉に行っており、その前年には日光旅行の土産を関口家まで届けているのをみると、ときおり夫婦で旅ができるほど余裕のある商売を営んでいたように思われる。

その後源兵衛は、生麦村に足場を残したまま江戸へ進出したとみられる。文政八年の日記が欠けているので、江戸進出の詳しい経緯はわからないが、文政十年二月六日には「和泉屋源兵衛、昨日江戸より帰り候とて、今朝来ル。砂糖一曲並ひん付ふし糠袋《ぬかぶくろ》等、年玉ニ持参」〔五巻、五頁〕とあり、拠点とする江戸から戻って来て、年賀に訪れたという。

三月十七日には「神田多町より源兵衛儀、病気ニ付駕籠《かご》ニて罷《まか》り越し候」（五巻、一四頁）とあり、しかもこのときは武蔵屋与四郎の付添いで来村していることがわかる。源兵衛は、生麦村の自宅でしばらく病気療養したと考えられる。ちょうどこの期間に関口家の次男可吉《かきち》が、神奈川の大黒屋へ養子に行く慶事があって、村人の多くが籠入りの魚類を贈るなかで、源兵衛は「蛇目《じゃのめ》傘」一本を祝い品にしている。江戸で流行している蛇の目傘を進呈するために、源兵衛は病を押してやって来たのであろう。

四月二十四日の日記には、源兵衛が江戸へ帰る記事があり「和泉屋源兵衛江戸へ明日出立《しゅったつ》ニ付、今夜金壱両貸遣《かしつかわ》ス、是は着類預りこれあり候分手当《てあて》ニ致すべき段申之、お沢へ相渡申候」（五巻、二六頁）とある。おそらく千恵の着物を預かっている分の手当として一両を渡しておいたというのであろう。この間、千恵の名前は日記に登場していないが、千恵が多町の源兵衛と武蔵屋に世話になっていることを、藤右衛門も十分承知していたのである。

武蔵屋与四郎も多町の住人で、源兵衛の隣人、あるいは借地人として親しい間柄かと思われる。源兵衛が江戸へ店を構えた直後、文政九年四月七日の日記に「江戸田（多）町武蔵屋与四郎来《きた》ル、子供召連《めしつ》れ明日江ノ嶋行」（四巻、五四四頁）と藤右衛門が書いており、子供連れで江の島参詣に行く途中、関口家に立ち寄っているが、これも源兵衛の紹介によるものと思われる。

要するに千恵は、川村家を離縁されると、以前からよく知っており、いまは江戸神田多町に住む源兵衛を頼り、同じ地内の武蔵屋与四郎家を紹介されて、そこにいったん落ち着いた後に、新たな奉公先として中野家を紹介されたと考えられるのである。

2　中野屋敷から大奥へ

　藤右衛門が千恵と面会することのできた「中野様御屋敷」とは、神田駿河台《するがだい》にある旗本中野清茂の屋敷であった。中野清茂は、はじめ家禄《かろく》三〇〇俵の旗本として将軍家斉《いえなり》の御小姓《おこしょう》を勤めていたが、文化三（一八〇六）年六月に御小納戸頭取《おこなんどとうどり》、文政六年十二月には新御番頭《しんごばんがしら》格、二〇〇〇石に昇進し、この間、播磨守《はりまのかみ》に任ぜられていた。長い間、家斉の側にあって厚い信頼をかち得、天保初年に隠居した後も石翁《せきおう》を名乗って、江戸城に出入りしていたという。千恵が奉公《ほうこう》に上がった文政十年は清茂六十四歳で、その年の暮れに二〇〇〇石に加増される絶頂の時期に当たっていた。千恵は、若い時期の御屋敷奉公と商家の奥を切り盛りした経験を買われて、たまたま中野家の奥勤めのしかるべき役割を与えられたものと考えられる。この屋敷で発揮された千恵の能力と、清茂の権勢とがマッチして、さらに千恵の将来を大きく変えていくことになるのである。

　さて年が明けて文政十一年の二月二十九日には、藤右衛門は源兵衛の妻沢と一緒に出府《しゅっぷ》した。藤右衛門は親戚を廻るなど用事を済ませて帰宅、沢は江戸に残っていたが三月十九日に生麦村に戻り、新しい情報を届けてきた。

(文政十一年三月)十九日戊午《ぼご》　曇り
源兵衛妻お沢との、お千恵奉公口一件ニて罷《まか》り越し、逗留《とうりゅう》いたし、今夕帰ル、
お千恵当年は御城へ罷り出で候積り
〔五巻、一四八頁〕

沢は、千恵の新しい奉公先を確かめるために江戸に留まっていたが、この日関口家を訪ね、千恵が今年から江戸城へ上がることが正式に決定したと伝えたのである。
ここで千恵の母親伊恵《いえ》に出番が回ってきた。

(文政十一年三月)廿一日庚申《こうしん》　曇り　巳刻吹懸雨少々即刻止
お家(伊恵)出府、亀五郎供
是はお千恵事、当年は御城へ御奉公ニ相済み候由《よし》ニて、急ニ罷り越し候、
駿河台中野様、御奥女中《おくじょちゅう》御用人、其外《そのほか》世話也
一　金三両弐分ト壱貫六百文　　お家出府品々入用　持参之分
〔五巻、一四九頁〕

伊恵は、亀五郎を供に従えて、駿河台にある中野清茂の御屋敷を訪ね、千恵にも会って、今年から

奉公する江戸城の仕事のことも聞いたのであろう。中野屋敷の奥女中の用人にも挨拶している。伊恵は三両二分ト一貫六〇〇文を持参し、その使途は記していないが、訪問先への手土産とともに、千恵の衣装代、身の回りの品々のほか、大奥勤務に必要なものを用意したに違いない。

五月には、千恵は江戸城の勤めを始めている。

(文政十一年五月)十二日庚戌《こうじゅつ》　朝曇、夜中少々雨降
お沢との出府、亀五郎荷持ニ遣ス
お千恵奉公入用之由、絽帷子《ろかたびら》壱ツ遣ス
蚕豆《そらまめ》六升、玉子拾七、紫蘇粉《しそこ》少々　　お千恵方へ遣ス
蚕豆三升、金時大角豆《ささげ》一袋、枇杷《びわ》少々　　武蔵屋与四郎殿
白木綿《もめん》壱反、黒故麻《ごま》一袋　　田崎六十郎殿遣ス
是はお千恵奉公ニ罷出候迄ニ世話ニ相成候礼
〔五巻、一六〇頁〕

この日は、沢に荷物持ちの亀五郎を付けて、江戸の各所に届け物を依頼している。まず江戸城の千恵には、頼まれていた絽の帷子のほか、食料としては、蚕豆、玉子、紫蘇粉を届けている。奉公にいたるまでの謝礼として、武蔵屋与四郎に蚕豆、金時大角豆、枇杷を届け、中野屋敷の用人田崎六十郎という男にも、黒胡麻のほか、とくに白木綿一反を届けている。沢には小遣いとして金二朱を渡して

いる。「是は、御本丸《ほんまる》ニ相勤候間、此度は逢ニ参り候趣申され、此方用向も有之間、半雑用差遣ス」とあって、沢が江戸城まで千恵に逢いに行くとのことだったが、自分は用事があったのでと珍しく弁解がましい口調を交えて、藤右衛門は沢に半雑用(日当の半日分)二朱を渡したという。沢は、このうち一朱だけ受け取って、一朱は返している。

千恵の江戸城奉公が実現したものの、これまでの経過を見ると、藤右衛門の日記に記された情報は、源兵衛やその妻の沢を介したものばかりであった。いままでの千恵は、奉公先や嫁いだ先から父親へ手紙を出して近況を伝えてくるのが常であったが、今回の場合は直接連絡してくることがなかった。千恵のひとり立ちしようとする決心がかたく、父親とのわだかまりが容易には解けていないことを示している。

3 お美代部屋

文政十一年八月七日の日記には、千恵から奉公先の江戸城大奥の居所を知らせる便りが隣家の藤屋《ふじや》にあったという。その全文を写しておこう。

昨夜ふち屋便りニて、三田《みた》より瓜押漬《うりおしづけ》並塩鰹《かつお》共ニ蓋茶碗《ふたちゃわん》ニ入、病人へ貰《もらい》、

此入物へ梅干貰いたき段、文ニ申遣候間、追て使之節遣すべき事、
但、お千衛（恵）文、此方へ見せ候様、
御本丸檀那《だんな》二ノ側ニて、御美代《みよ》様御部屋申候得ば、相知れ申候段申越し候、
此旦那殿ニお千恵相勤居り候

〔五巻、一八一頁〕

まず、藤屋と三田の関係を押さえておこう。藤屋は近所の料理屋で、関口家とは親しい関係にあることは、これまでも示してきた。「三田」は、三田綱町《つなまち》にある藤右衛門の三女なみ（みつ改め）の嫁ぎ先の煙草《たばこ》屋竹山家を指している。前日の日記の記事で、藤屋から使いが三田の竹山家へ行って、煙草取りを頼んでいることがわかる。七日の日記では前日の話の続きとして、三田の竹山家から当時病の床にあった享二《きょうじ》に、瓜の押し漬けと塩鰹を入れた茶碗をもらったが、その茶碗は梅干しでも入れて返してもらえばよい、との文面だったので、いずれ機会を見て返したいといっている。次にある「お千恵文、此の方へ見せ候」というのは、千恵から竹山家のなみに届いた手紙を、藤右衛門に回覧したということであろうか。

千恵の手紙には、千恵の奉公先が書かれていたのである。千恵が勤めている旦那様は「御美代様」という方で、その部屋の場所は、江戸城本丸の大奥にある長局《ながつぼね》の「二ノ側」といって、聞けばわかるというのである。

「御美代様」とは、いうまでもなく十一代将軍家斉の側室《そくしつ》お美代の方で、当時大奥にあって権勢を誇っていた女性の一人である（三田村一九七六a、c）。美代の実父は、上総《かずさ》中山の智泉院《ちせんいん》の日蓮宗僧侶で日啓《にっけい》といい、かねてから祈禱や護符の活動で本丸大奥に大きな影響力を持っており、また家斉の支持によって幕府の中枢にも通じ、江戸雑司ケ谷《ぞうしがや》に新しく将軍の祈願寺として感応寺《かんのうじ》を建立することを許されていた。美代は、はじめは父日啓と親しい中野清茂の屋敷に奉公に出ていたが、そこで清茂の養女となって大奥に送り込まれたのである。美代は大奥に上がるや家斉の寵愛を受け、文化十年から五年の間に三人の女子を出産した。その第一子溶姫《やすひめ》が、あの赤門《あかもん》建立の逸話を残して加賀前田《かがまえだ》家の嗣子斉泰《ししなりやす》と婚儀を挙げたのは文政十一年であり、千恵が美代の部屋に勤めることになった年と一致する。美代の部屋の女中が溶姫のお付き女中として加賀屋敷へ移ったために欠員が生じ、そのあとに千恵が呼ばれたものと考えられよう。

千恵が勤めることになった江戸城大奥の構成について知っておくことにしよう（三田村一九七六b、旧事諮問会一九八六）。

大奥は、将軍とその家族が生活する場所であるが、ここはまた御殿女中《ごてんじょちゅう》たちの職場であると同時に、彼女たちの居住空間でもあった。奥女中の職制は、御目見《おめみ》え以上の御年寄《おとしより》、御客会釈《おきゃくあしらい》、御中臈《おちゅうろう》、御《お》錠口《じょうぐち》、表使《おもてつかい》などと、御目見え以下の御三之間《おさんのま》、御仲居《おなかい》、御使番《おつかいばん》、御半下《おはした》など二十数階級に分かれているが、このうちでお美代の方たち側室は中臈に属し、本来は将軍の身辺の世話をする役であった。

さて江戸城の政治や儀式をつかさどる「表」に対して、将軍の私的空間ともいうべき大奥は、事務役人が勤務する御広敷《おひろしき》と、将軍と御台所《みだいどころ》（正夫人）が日常生活を送る大奥御殿と、奥女中たちが居住する長局とに分けられる。このうち長局は、長い廊下を挟んで両側に多数の部屋が並ぶ宿舎であるが、廊下の一の側には御年寄の部屋、二の側には御客会釈、中臈、御錠口の部屋、三の側には表使以下の部屋と決まっており、長局で何の側というだけで住む女中の格式が知れたという。千恵の場合は手紙に「御本丸檀那二ノ側ニて、御美代様御部屋」とあったことから、長局の二の側の廊下にあるお美代の方の部屋が、新しい奉公先の住所であると判明するのである。

長局のなかの部屋の構造を見ると、一の側の御年寄の部屋がいちばん間取りが広く、十室、計七十畳余の座敷と、土間付きの炊事場、別棟の便所、湯殿《ゆどの》二カ所を備えていたという。中臈の部屋は、畳数がほぼこの半分で湯殿も一カ所だけであった。中臈部屋には旦那である中臈のほか、「部屋方」あるいは「又者《またもの》」と呼ばれ、中臈の世話をしたり、部屋の雑用を行う女中たちが一緒に住んでいた。御年寄から御半下にいたる「お直《じ》きの人」（直参《じきさん》）が幕府の職員であるのに対し、「部屋方」は御年寄や中臈の給金・扶持米《ふちまい》のうちから雇われている。

また、御目見え以上の奥女中は、原則として旗本の子女出身であったが、御目見え以下の女中や「部屋方」は、町人や百姓の娘たちが伝手《つて》をたどって勤めることも少なくなかった。中臈の部屋方の構成は通例、局一人、合の間二人、小僧一人、タモン二人、ゴサイ一人とされている。局は中臈の下で部屋を取り締まり、賄いのいっさいを仕切る役であり、合の間は居住する部屋の呼称にちなんだもので、局を助け、旦那(中臈)の衣装の世話をはじめ日常の世話をする係である。小僧は小間使いの少女を指し、タモンは炊事、掃除など部屋の下働きいっさいを担当する下女である。ゴサイは部屋付きの下男で、もちろん部屋に入ることはできないが、宿への使いや買い物など、外出できない女中に代わって外の用事を受け持っていた。

千恵は、このような構成を持つ長局二の側の中臈部屋に、おそらくここでいう合の間の一人として勤務することになったものであろう。この部屋に住み込んで、家事を助け、お美代の方の身辺を整えることが役目であった。しかし、実際に大奥における千恵の仕事や生活を知る史料は多くはないので、ここでも父親の日記という迂遠《うえん》な材料から迫っていくことにならざるを得ない。なお千恵は、御殿のなかで「お延《のぶ》」という名前をもらっており、関口家の日記でも「御本丸お延方」などと御殿名前で記しているが、ここでは、引用史料の他は千恵と呼んでおこう。

4 大奥の情報

千恵が大奥に上がった文政十一年の歳末、十二月十七日に関口家では村の伝七に頼んで、江戸の知り合いの家々へ歳暮の品を送り届けている。千恵に関連する家では、神田多町の武蔵屋与四郎へ「羽物壱つ」、中野清茂の家中の田崎六十郎へ「蕎麦粉、香物《こうのもの》類」などこれまで世話になった家に加えて、御本丸の千恵にも「小袖《こそで》壱ツ、柚泡盛《ゆずあわもり》弐合、琥珀漬《こはくづけ》、なめ物一曲」を送り届けている（五巻、二〇八頁）。日記によれば、その後もかなり頻繁に、千恵のもとにさまざまな物資の差し入れをしていることがわかる。大奥に奉公している期間中に、生麦村の関口家から大奥の千恵と、中野家（用人田崎）へ送り届けられた品物の一覧を作成し、表6に示した。表では省略したが、武蔵屋与四郎宅へも田崎とほぼ同格の品物が毎年届けられている。このことからも、千恵が中野邸に奉公するにあたって武蔵屋が大きな役割を果たしたことが窺えよう。

この表によると、届け物は例年六月と十二月を中心に、年間二回ないし四回の割合で行われていることが判明する。盆、暮れの挨拶を原則として、あとはその年によって季節の産物を届けている。荷持ち人は亀五郎に頼んでいることが多い。亀五郎は、関口家の小作人であり、関口家の日雇いとして荷物運び、家人の供、米搗《つ》き、麁朶《そだ》刈りなどさまざまな雑用をこなしている。通算すると年間二十ないし三十日、一日銭一五〇文の日当で働いていることが知られる。出府するときは、藤右衛門や伊恵ら家族の供で行くこともあるが、一人で配送を請け負うことが多い。この場合には、通常の日当のほかに賃銭をもらっている。また亀五郎は、関口家から金を借りて、本町の越後屋《えちごや》から下駄の鼻緒などを購入している例があるが、その際には同時に「御殿お延方へ品々、本町越後屋へ届け頼む」（天保三

年　月　日	大　奥　千　恵　へ	中野家用人田崎六十郎へ	荷持ち人
12.27	里芋，こんぶ，茄子味噌漬	こんぶ巻1重，尾州切干	亀五郎
天保10. 3 .20 (1839)	煮豆1重，茄子三盃漬1壺，蛤3升		亀五郎
6 .16		割麦，小麦粉	しげ
6 .24	梅干新古2重，割麦1袋，小麦粉1袋，紫蘇干香物1曲，桃60		亀五郎

年閏十一月晦日、六巻、四一六頁）などとあって、千恵宛の荷物の配送を越後屋へ頼んでいるケースがある。

届け物の品目を見ると、その大半は食料品であり、それもきわめて多様な種類にわたっている。割麦《わりむぎ》などの雑穀類、大角豆《ささげ》・蚕豆・黒胡麻・土芋・里芋などの豆芋類、桃・柿・栗などの果物や鶏卵、そして蕎麦粉・小麦粉・きな粉・紫蘇粉などの半加工品は、いずれも村で収穫された産物である。またこれらに手を加えた梅干・切干大根・煮豆・茄子《なす》味噌漬、茄子三盃漬・琥珀漬・なめ物・納豆などの副食品や、醬《ひしお》なども使われている。さらに生麦村が海浜に接しているところから、蛤《はまぐり》、蜊《あさり》、蜆《しじみ》など貝類のほか、昆布巻き、目刺し、いな、石持《いしもち》開き、きす開き、きす干物などの海産品が多いのも特徴である。これらの食料は、千恵のいるお美代部屋に届けられ、部屋のなかで調理を加えるなどして、お美代をはじめ部屋に居住する者たちの食膳に供せられるのである。

このほかに衣類の差し入れもあるが、奉公する年に絽帷子と小袖を届けたほかには、冬場に綿入れと胴着を二回ほど届けただけである。千恵からの頼みで針箱を届けたこともあった。

表6　関口家から大奥千恵および中野家用人への届け物

年　月　日	大　奥　千　恵　へ	中野家用人田崎六十郎へ	荷持ち人
文政11．5．12 (1828)	絽帷子1，蚕豆6升，玉子17，紫蘇粉少々	白木綿1反，黒胡麻1袋	亀五郎
12．17	小袖1，柚泡盛2合，琥珀漬，なめ物1曲	蕎麦粉，香物類	伝七
文政12．2．16 (1829)	蛔目差	蛔目差	
12．17	ひしお，きなこ，蕎麦粉	赤小豆，きなこ	伝七
文政13．6．4 (1830)	桃，梅干，小麦粉	桃，小麦粉	亀五郎
9．4	蛤1包，割麦，栗	蛤1包，割麦	亀五郎
天保2．2．29 (1831)	蛤，切干大根	蛤，大角豆1袋	亀五郎
天保3．6．28 (1832)	針箱，小麦粉		亀五郎
12．18	綿入1つ，味噌漬茄子		亀五郎
天保4．6．9 (1833)	蜆3升，桃	蜆3升，桃	虎松
9．20	(届け物)	いな10	亀五郎
12．25	(届け物)	(届け物)	亀五郎
天保5．8．14 (1834)	蛤1包，ささげ1袋	蛤1包，大いな11	亀五郎
9．4	栗1袋		伝吉
11．1	綿入1，胴着1，きす干物35枚，梅干，みそ漬	焼はぜ50	亀五郎
天保6．6．25 (1835)	桃	桃	亀五郎
9．12	柿		亀五郎
12．25	はせ1重，ひしお1重，しののめ2壺	はぜ1重，黒胡麻1袋	亀五郎
天保7．6．10 (1836)	桃，梅干，小麦粉	桃，小麦粉，割麦2袋	亀五郎
9．12	蛤3升，土芋7升，梅干1重，きす開き少々，柿少々	玉子20，蛤2升	亀五郎
12．25	昆布巻1重，納豆醤1重，味噌漬，香物，きなこ少々	すずき1尾，挽割麦1袋	亀五郎
天保8．5．13 (1837)	石持開き，東雲ひしお，蚕豆5升，鶏卵1箱	あなご味噌漬，挽割麦1袋，蚕豆3升	亀五郎
12．27	こんぶ巻1重，納豆1重，里芋2升	昆布巻1重，挽割麦1袋，蚕豆3升	亀五郎
天保9．6．5 (1838)	桃200個，梅干1重，味噌漬茄子		亀五郎
10．16	醤漬茄子1重，割麦1袋，はね柿9つ	赤小豆1袋，割麦1袋	常吉

千恵が若いころの御屋敷勤めのときは、頻繁に親元から衣類の差し入れを受けていたのと比べると大きく変わっており、今回の大奥奉公では基本的に自分の給金や仕着せで衣類の調達ができていたものとみてよいであろう。

差し入れの記事を別にすれば、江戸城大奥における千恵をめぐる情報は必ずしも多くはないが、そのおもなものを抜き出して年代順に整理したものが表7である。ここに掲げた事項は、あくまで生麦村の父親の眼から見た大奥生活の一端にすぎないが、この年表を手掛かりにして、江戸城における千恵の動きを窺っていきたい。

まず、江戸城の千恵から実家に送られてきたものについて見よう。千恵の手紙は、物資の差し入れの際に荷持ち人に渡されたり、知人を介して届けられる場合もあったが、このほかに飛脚《ひきゃく》を使って届く場合がある。

（文政十二年三月）十四日戊申《ぼしん》　朝曇り（中略）
本町越後屋幸助方より飛脚にて、おちゑ方より文弐通、
三度便りニ、神奈川白幡《しろはた》屋迄届候由、源兵衛方より相届申候
〔五巻、二九一頁〕

千恵の手紙が、越後屋幸助を介して、当時の民間の宅配便ともいうべき三度飛脚を使って届けられている。ここでは、越後屋からの飛脚便は神奈川白幡屋に直送され、そこへ源兵衛が取りに行ったと

表７　大奥奉公期の千恵年表

年　月　日	事　　　項
文政11. 5 .12	沢殿出府，千恵奉公につき絽帷子１つ届ける
(1828)　8 . 7	千恵の手紙，本丸大奥二ノ側のお美代様御部屋に勤める由
文政12. 3 .14 (1829)	千恵方より手紙２通届く，越後屋幸助方より三度飛脚にて
文政13. 2 .10	本町越後屋より三度飛脚にて千恵の届け物来る
(1830) 閏 3 .22	千恵より手紙，三度飛脚便り，徳次郎大木戸辺の葉茶売店へ奉公の由
天保 1 .12.12 (1830)	千恵より今朝手紙来る
天保 2 . 2 .13	千恵より色物，飛脚にて届く
(1831)　4 .18	藤右衛門，本町越後屋に逗留し，本丸より千恵下り対面
8 . 7	千恵より手紙来る，茶少々ずつ２品入り
天保 3 . 1 .29	本丸千恵より，御膳残り祖母へ，本町より持参，使いの者来る
(1832)　2 .27	千恵より祖母へ菓子来る
10. 7	油屋よりきせ来る，牛込より千恵縁談口ある由，紙面持参
12. 2	亀五郎昨夜江戸より帰る，千恵方より袴１つ到来
天保 5 . 4 . 9 (1834)	千恵より届け物到来
天保 6 . 9 .23	千恵，御殿より今日下る，神田武蔵屋いよ，久次郎，沢殿同道
(1835)　10. 3	青木老母来る，千恵へ会いに来る，亀の甲煎餅持参
10. 4	常吉，神田多町まで千恵土産の袋物１荷持参
10. 6	千恵，今日江戸へ帰る，送り沢，いよ一同逗留いたし帰る
天保 7 . 2 . 7	御殿千恵，正月中より虫歯煩う，祈禱に17日の御暇
(1836)　6 . 3	千恵より届け物来る
6 .26	藤右衛門，多町与四郎方にて24・25日逗留し，千恵を待てども会えず
8 . 2	本丸千恵より沢方へ来客あり，手紙届く
天保 8 . 3 . 2	伊恵，沢両人にて本丸雛拝見に出府，７日帰村
(1837)　5 .13	亀五郎，西丸千恵方までお使い，初めてにつき中野様用人田崎に頼む
7 .18	本丸出入りの大工弟子伝蔵，千恵の手紙持参
天保 9 . 3 .11 (1838)	西丸台所より出火，御殿は残らず焼失，千恵怪我もなく本丸へ立ち退く
10. 9	藤右衛門出府，千恵身分の件
10.13	千恵へ金２分，春の火事見舞いに渡す
天保10. 3 .22	千恵より真綿３袋もらう
(1839)　8 .15	千恵，御殿より永の御暇，荷物は常吉持参
8 .18	馬喰町より千恵来る

いうのであろうか。

（天保二年二月）十三日丙申《へいしん》　晴天
御本丸より色物、飛脚ニて届、
右賃銭《ちんせん》越後屋幸助立替《たてかえ》
一　五百廿四文　　飛脚賃銭、越後屋へ払
　是は本町ニて立替置候ニ付、此方より返すべき事
〔六巻、一〇七頁〕

ここでは、本丸（千恵）から色模様の着物が、越後屋幸助の世話によって、飛脚便で藤右衛門宅まで届いている。料金は幸助が立替払いしているので、「此方」（藤右衛門）から返却しなければならない、と記している。

（天保二年八月）七日丙戌《へいじゅつ》　晴天
御本丸お延方より文来ル、
御茶少々ツ、二品入
一　六拾四文　　飛脚賃　　今朝届ク
〔六巻、二〇九頁〕

この事例では、飛脚便に手紙とお茶が入っていたことと、着払いの飛脚便になっていることがわか

る。越後屋を介さない飛脚便を使っているのである。

千恵からの手紙は、奉公の前半では年間二、三通あったが、後半になるとそれも途絶えがちであった。手紙の記事で内容にまで触れているのは、前掲の文政十三年閏三月二十二日の「御本丸お延方より手紙来ル、三度飛脚便り、徳次郎、大木戸《おおきど》辺の葉茶売見世《みせ》へ奉公の趣」(六巻、一五頁)という、川村家から伝えられたと思われる息子徳次郎(竹次郎)の店奉公を報じた一通だけである。千恵の立場に立ってみても、家のことは弟の代になれば口出しすることは憚られるし、もちろん大奥の噂話を筆にするわけにはいかない。簡単な用件のほかは、おそらく時候の挨拶と、互いの健康を気遣う言葉のやり取りであったであろう。

届け物について内容の書いてあるものとしては、茶と衣類については前述したが、そのほかに注目されるのは「御膳《ごぜん》残り」である。

(天保三年正月)廿九日丁丑《ていちゅう》　晴天(中略)
御本丸お延方より御膳残り、老母へ戴かせたき趣ニて、本町より持参、
使之者夕方来り、止宿

〔六巻、三三一頁〕

老母(利恵)に食べさせたいとの千恵の意向で、「御膳残り」を本町越後屋の使いの者に持参させた、というのである。使いの者は、夕方に到着し一晩泊まって、翌日江戸へ帰っている。千恵にとっては

祖母に当たる利恵の病状を心配して、わざわざ江戸から「御膳」を届けさせたものであった。千恵の幼いころ、弟妹たちの世話に追われていた母親に代わって、江戸までよく付き添ってくれた祖母に対して、千恵が特別な感情を抱いたとしても不思議ではないであろう。「御膳残り」というのは、上様（将軍）の食膳はふつう十人前用意するが、実際に箸をつけるのは二、三人前なので、あとはお流れとして大奥内部で食されていたものを指し、ここではとくにお美代部屋に流れた「御膳残り」を、千恵の特別な願いとお美代の方の計らいによって、生麦村まで送られてきたものと思われる。いつもの越後屋の配送ルートによってはいるが、やはり「御膳残り」であれば、宅配便ではなくて特別に使いの者を仕立てて届けたのである。

この一カ月後の同年二月二十七日には、「御本丸お延方より老母へ菓子来る」（六巻、三三八頁）とあり、千恵は、今度は大奥で食している上等な菓子を、着払いの宅急便で祖母宛に送ってきた。祖母の利恵は、孫娘の千恵が送ってくれた江戸城の御膳に箸をつけたときは喜びで涙にむせんでいたに違いない。利恵は、大奥の菓子を受け取ってから五日目に亡くなった。享年九十。

5　宿下がり

上級の御殿女中は、親の死に目にも城から出られなかったというが、部屋方の千恵たちにはそれほどの厳しい制約はなかった。十一年間の奉公期間中に、二度ほど江戸市中で父親と面会を予定し（一回はキャンセル）、一度は生麦村にも帰っている。まず天保二（一八三一）年四月十八日、この日暇をもらった千恵は、かねて約束していたとおりに父親と日本橋本町の越後屋で面会している（六巻、一八五頁）。越後屋は、買い物や配送など千恵がよく利用する店であるが、この日も藤右衛門は、これまでの千恵の諸入用として越後屋に金三両を支払っている。また天保七年六月二十六日の場合は、藤右衛門が前々日から武蔵屋与四郎家に逗留して、約束した千恵を待っていたがついに来ないので、会うのを諦めて、書置きと小遣い金一両を武蔵屋に託して帰村している（八巻、三二頁）。

大奥奉公七年目に当たる天保六年九月、千恵は宿下《やどさ》がりで生麦村の生家に帰ることが許された。

（天保六年九月）廿三日己酉《きゆう》　晴天

おのふ御殿より今日下ル

神田むさしや　おいよ・久次郎、お沢との同道ニて来ル

五菜喜助供ニ罷越候

〔七巻、三六三頁〕

千恵は、大奥から神田多町に寄ったのであろう、源兵衛妻の沢と、武蔵屋の子供と思われるいよと久次郎、そしてお美代部屋のゴサイ喜助の四人を供に連れて、駕籠には乗らずに徒歩で生麦村へ帰って来た。九年ぶりの帰郷であった。家に帰った千恵は、姉のしげや妹のなみと一緒に近所や神奈川辺を歩いたり、お墓参りに日を過ごした。またこの間、神奈川宿青木町の老婦人が千恵に挨拶するために来訪している。彼女は、千恵の弟享二の妻の実家である廻船問屋紀伊国屋《かいせんどいやきのくにや》の老母であり、千恵の在京中に縁戚関係を結んだので、面識があったわけではないが、御殿女中の里帰りに敬意を表したものであろう。

お供のうち、ゴサイの喜助は荷物持ちで来たのであるが、関口家では一泊させ、日当に当たる雑用金一分を渡し、翌日江戸へ帰している。武蔵屋から来た久次郎は、享二の案内で神奈川見物に廻っている。千恵は十二日間滞在して、十月六日に江戸へ帰って行った。帰途の供は沢といよの二人で、ほかに喜太郎と亀五郎の二人が荷物持ちで同行している。このときも駕籠は使っていない。

次に、千恵が母親を大奥に招待した事情を述べよう。荷持ち人が物資の差し入れに行くのは別にして、奉公人の親といえども一般人が大奥の内部に立ち入ることはできなかったが、例外として桃の節句に大奥の雛人形《ひなにんぎょう》の飾りを内輪に拝観することが許されていた（『甲子夜話』Ⅰ一九七七）。「お家並お沢両人にて御本丸御雛、拝見に出府」〔天保八年三月二日、八巻、一三四頁〕とあるのがそれで、母親の伊恵と、奉公に際していろいろと奔走してくれた沢の二人を大奥に招いて、ここに飾られた豪華な内裏雛《だいりびな》を一緒に拝観したのである。

実は、この雛人形を拝観した天保八年は、前年の凶作によって全国的な飢饉《ききん》に見舞われた年であり、二月には大坂で大塩平八郎の乱が起こり、江戸でも救い小屋を設けて貧民の救済に当たるなどしていた。この年五月には、将軍家斉が家督を家慶《いえよし》に譲り、自らは大御所《おおごしょ》として西丸《にしのまる》に住居を移したので、千恵の勤めるお美代部屋も西丸に移転することになった。この直後に、千恵のところに使いに出た亀五郎は、西丸の場所がよくわからないため「始めての儀に付き、中野様御用人田崎まで相頼み申す」〔天保八年五月十三日、八巻、一四五頁〕とあって、田崎六十郎に道案内を頼みようやく用を果たしている。

この西丸は、翌九年三月火事で焼失してしまうが、生麦村にも次の日にはこの情報が伝えられた。

〔天保九年三月〕十一日癸未《きび》　陰天

昨十日卯刻、西御丸御台所より出火、御殿向き残らず焼失、
今朝未明亀五郎、馬喰町まで様子聞ニ遣わし候所、
おのふ事怪我もこれなく、御供ニて御本丸へ立退き候趣

〔八巻、二〇五頁〕

御殿は残らず焼失したが、千恵は怪我もなくお美代様に従って本丸へ避難したというのである。藤

右衛門は、その年の十月に出府の折に、千恵に火事見舞いとして金二分を渡している。

　さて天保九年十月九日の日記は「藤右衛門出府、お千恵身分ニ付」とだけ記している〔八巻、三一一頁〕。千恵の奉公はたぶん十年季の約束だったのであろう。この年はちょうど年季明けの十年目に当たるので、当初の約束通り退職することを決めてきたものと思われる。ただ千恵の年季を相談する相手が誰なのかについては記されていない。当時奥女中の十年季奉公は、あと一年お礼奉公をして計十一年勤めるのが一般的な姿であったというが〔三田村一九七六c〕、千恵の場合も同様で、もう一年勤めている。

　翌天保十年六月に、恒例のごとく亀五郎が出府して千恵のもとに差し入れをしているが、このとき千恵と一緒に「おひわとの」へも「古梅干壱重、割麦一袋、小麦粉同、鶏卵弐拾程」と「紫蘇の実、生姜漬け」などを送り届け、これには「先達てお延御暇願に付き、とりわけ世話になる礼に遣わす」と注記されている〔八巻、三五五頁〕。退職の件で世話になったという「おひわ殿」が、千恵と同室の上司と考えれば、お美代部屋の局《つぼね》を勤めている女性であろう。先に、藤右衛門が千恵の年季について相談した相手は、このひわ殿だったと思われる。なお、天保末年の大奥の騒動である智泉院一件に関係する奥女中のなかに「美代召仕ひわ」の名前が挙がっており、お美代とひわとの関係についての右の推定を裏付けている〔三田村一九七六a・c〕。ひわは、この後も千恵と長く関わりをもつことになるのである。

かくして千恵は、十一年余の大奥奉公を退職することとなった。

（天保十年八月）十五日戊寅《ぼいん》　晴天（中略）
御殿より長ノ御暇出候ニ付、荷物品々お千恵分、常吉持参

〔八巻、三六六頁〕

（天保十年八月）十八日辛巳《しんし》　曇り夜中大雨降
馬喰町《ばくろちょう》よりお千恵来ル、藤兵衛並荷持連来ル

〔八巻、三六七頁〕

千恵は、天保十年八月十五日に「長の暇」をもらって大奥を退出した。いったん馬喰町の親戚山口屋藤兵衛家（妹なみの再婚先）に宿をとり、同月十八日になって藤兵衛に伴われて生麦村へ帰って来た。大奥に奉公して以来十一年目、川村家に嫁《か》してから数えると二十四年ぶりの帰郷であった。

生麦村に帰った千恵は、近隣に土産を配ったあと、しばらく実家で休養をとっていたが、九月五日に父親と一緒に神奈川宿まで出かけ、弟亨二の妻の実家である廻船問屋の紀伊国屋と、弟可吉が養子に入っている大黒屋へ、江戸の土産を持って訪れている。両家とも、神奈川で手広く営業している商家であり、千恵が江戸に出ている間に関口家と縁戚関係を結んだ家であったから、今後村で生活していくにあたって改めて挨拶に廻ったものであろう。あとで両家からは、返礼の挨拶を受けている。そのほかにも千恵の帰郷を歓迎してお祝いに来てくれた人たちがいるので、彼らの贈答品とともに表8

表8　千恵の帰村歓迎祝い品(天保10〈1839〉年)

月日	来訪者	土産品
8.23	きし惣八	蕎麦1重，栗1重
8.24	南十左衛門	交魚1籠
9.11	紀伊国屋老母	菓子2折，鶏卵1重
9.12	小石川れん	鼻紙
9.16	五郎左衛門	鯛3枚
9.16	大黒屋可吉	箱入り煎餅4箱，鰹節5本

に示した。このうち、惣八は千恵の母方の実家であり、十左衛門は村の相名主、れんについては後述する。なお、千恵の大奥奉公に尽力し、奉公中にもいろいろと世話をしてくれた源兵衛女房沢は、この年七月、千恵の帰郷を前にして江戸で急死していた。千恵が村に帰って六日目に当たる八月二十四日には沢の四十九日の法会《ほうえ》が行われているので、千恵も参列したことであろう。

村の周辺で一通りの挨拶が済むと、改めてこれまでの十一年間の奉公に対する御礼をするために、千恵は江戸城に向かった。

(天保十年十月)三日乙丑《いっちゅう》　晴天

お家お千恵御礼上りニ付出府、亀五郎荷持ニ連ル、正六ツ出

一　金拾四両也　　御礼上りニ付諸入用手当

是は旦那様初其外共、所々より餞別《せんべつ》貰候衆へ、

赤飯煮染《にしめ》煮魚等、土産ニ差上候凡入用

〔八巻、三七四頁〕

千恵は母親の伊恵、荷持ちの亀五郎と一緒に出発するが、このときは「御礼上りに付き、諸入用手当」として十四両の金を用意し、お美代をはじめ皆からもらった餞別への返礼の土産に宛てたという。

関係者を廻って御礼を済ますと、母親は一足先に帰村したが、千恵はそのまま江戸に留まった。その年の暮れに、常吉を迎えにやったが、千恵は「春まで逗留の由、帰り申さず候」〔十二月二十四日、八巻、三八六頁〕という返事で、そのまま年を越してしまった。お美代の部屋は、前述の通り部屋方の者数人の共同生活であるから、仮に千恵が転がり込んでも泊り場所と食事の心配はいらないわけである。顔なじみの間柄であるから、部屋の仕事を手伝って結構楽しい時間を過ごしていたに違いない。

千恵は幼いころから江戸へ出て奉公をしていたので、村に帰っても親しい友だちはいなかったのであろう。表8で千恵を迎えた顔ぶれを見ても、家同士の付き合いで来た人たちである。四十年近くも江戸の空気を吸ってしまった者には、村での生活はカルチャー・ギャップが大きすぎたのである。年が明けても千恵が帰って来る気配はなかったので、三月になると母親がお雛様の拝観を名目に西丸に上がり、渋る千恵を説得して、ようやく三月十四日に村に連れ帰って来た。

6 縁談・石翁・姪の奉公

千恵が村に帰ると、追いかけるように江戸小石川春日町《かすがちょう》に住むれんの使者がやって来たが〔天保十一年三月十八日、九巻、一四頁〕、これは前触れで、一カ月後の四月二十六日になって、れん本人が関口家を訪ねて来た。れんは、おそらく大奥時代の千恵の知り合いで、退職したあとに小石川近辺の御家人に嫁していると思われる。実は、れんは以前、千恵が大奥勤めをしている時期に、片瀬《かたせ》・江の島を廻った帰りに関口家を二回も訪れているし〔天保四年九月十三日、同五年三月十四日〕、千恵が宿下がりした直後にも立ち寄っていたので〔天保十年九月十二日〕、藤右衛門や享二とも面識があったと思われる。

（天保十一年四月）廿六日丙戌《へいじゅつ》　薄陰り
小石川春日町おれん殿と申す仁《じん》、お千恵身分相応の方有候趣ニて来り、止宿
　菓子折壱ツ持参、外ニ供壱人共泊
〔九巻、二〇頁〕

れんの用件は「お千恵身分相応の方有り候趣」とのことで、千恵に縁談の話を持って来たのである。千恵は、最初の夫松五郎と死別して以来二十年近くたち、再婚の長次郎と別れてからも十三年が過ぎ、年齢は四十四歳になっていた。大奥にいたころに一度縁談の話が来たことがあったが〔天保三年十月七日〕、このときは奉公中ということもあってか、そのまま進展せずに終わっている。さて、縁談の内容は翌日の日記に詳しい。

（天保十一年四月）廿七日丁亥《ていがい》　晴天
右之一件、能々《よくよく》相改候処、小石川丸《まる》太橋《たばし》、山本昌介様と申ニて、

表御台所頭、弐百俵高ニて御役料百俵之御旗本ニ御昇身なられ候御方へ之口入ニ付、
追て相断申すべきと存候、
おれん殿へは老父承知致候段、申遣わし候得共、
お千恵了簡ニ及ばざる儀申ニ付、御籤《みくじ》ニても裁くべき由、申遣シ置候
以上之御方へ百姓之身分、御掟ニ相背候儀、恐入候

〔九巻、二一〇頁〕

縁談の相手は、小石川丸太橋に屋敷を持つ山本昌介という幕臣で、役職は表御台所頭、知行高は二〇〇俵、それに役職手当が一〇〇俵、しかも御家人から旗本に昇進した人物とあって、身分、職場と役職、収入などの情報が洩れなく伝えられている。

今日わかるデータから若干補足しておくと、まず表御台所頭は、幕府の役職一覧である「柳営補《りゅうえいぶ》任《にん》」によると、天保初年に新設され安政六年に消滅してしまう一時的な役職のようである。またこの役は、表御台所組頭から昇進する者が多く、かつ在職中に死亡するものが多いところから、長く御台所に勤務したのち引退しがたい事情にある人物の座る閑職として設けられた可能性が高い。山本昌介も天保八年に表御台所組頭から西丸の表御台所頭に就任したもので、その後十八年間勤めて安政二年七月に「老衰に付き辞す」とあり、「柳営補任」には珍しく辞職の理由まで記されている(「柳営補任」五巻一九六五)。これらの点から、昌介はかなり年齢が高く、しかも家督を継ぐ男子のいないことが推

察される。

この日の日記を書いたのは、父親藤右衛門ではなく、弟の享二と思われ、珍しく感情のこもった記述になっているので、さらに経緯を見ていくことにしよう。すでに父親の藤右衛門は「老父承知致候」とあって、れんに対して縁談承諾の返事をしているという。千恵の将来を案ずる父親は、千恵が江戸城の生活に慣れ親しんで、田舎の寡婦住まいは難しいという判断から、このような結論を出したのであろう。しかし享二は、千恵本人が渋っているので、御神籤《おみくじ》でも引いて結論を出したいと、れんに答えているのである。おそらく千恵にはこの話を受ける気はなかった。一度結婚して、嫁の苦労を経験したうえに、家の束縛のない御殿《ごてん》勤めを十年以上も過ごしてきた千恵は、いまさら貧乏旗本の家に入って煩わしい生活を送る気にもなれなかったのであろう。

江戸城のなかでは奥勤務の御家人とキャリア十年の奥女中とは対等であって、れんがこの縁談は「身分相応」といっているのも、あながち仲人口だけではないかもしれない。たしかに江戸後期の社会では、婚姻や養子縁組を通じて百姓身分から町人や武家身分に成り上がる事例が少なくない。千恵自身も養女や結婚によって、いちどは町人の人別に加わっている。しかし享二によれば、相手がお目見え以下の御家人であればまだしも「(御目見え)以上之御方」は特別であり、旗本へ「百姓之身分」の者が嫁に行くなど、世の中の掟に背く恐ろしいことであった。このような考えは、江戸留学の経験を持つ享二を含め、多くの百姓たちの意識を表わしているものと思われる。したがって、この縁談についての結論は「追て相断り申すべくと存じ候」ということであった。

れんの訪問に前後して、江戸馬喰町の山口屋藤兵衛が関口家を訪れ、「山口屋出入」〔九巻、二〇頁〕の一件で、わざわざ千恵を迎えにやって来た。山口屋は関口家の親戚に当たり、藤右衛門は出府の折に泊り宿として利用することも多かった。その山口屋が関係した訴訟について、千恵の力を借りたいということは、彼女のもっているコネで時の権勢を握る中野清茂の力を引き出して、訴訟を有利に導こうとしたものであろう。千恵は迎えの者と一緒に出府して、しばらくは山口屋に逗留しているが、訴訟の結末についてはよくわからない。千恵は山口屋の用事を済ませたあと、出府した享二と落ち合って、小石川のれん宅に向かい丁重に縁談の断りを述べると、帰りには西丸に寄って用人を一人借り受けてこれを供にして、五月十五日に村に帰って来た。

五月二十日には、例の中野清茂、隠居して改め石翁が箱根の温泉場へ向かったが、東海道を下る途中、生麦村を通過した。

（天保十一年五月）廿日己酉《きゆう》　半晴

中野石翁様、箱根温泉へ入らせられ、御通行ニ付

お千恵儀、御機嫌《きげん》御伺ニふち屋迄参ル

交魚《こうぎょ》七ツ、梅干壱箱　　御隠居様へ上ル

鮓五箱　　侍衆其外《そのほか》迄、御慰ニ進申候

御隠居様よりお千恵へ金弐百疋下され候

〔九巻、二四頁〕

千恵は、江戸において中野の旅程を聞き、前もって予定を立てていたのであろう、村の料理屋である藤屋に立ち寄った石翁に、交魚（数種の鮮魚）と梅干を携えて御機嫌伺いに参上している。石翁もこれに応えて、千恵に言葉をかけながら金二〇〇疋（銭二貫文に相当）を下げ渡している。箱根からの帰途六月四日にも生麦村を通ったが、このときは後述のように千恵は江戸に出て留守であったため、彼女が前もって指示した通り枇杷一籠を土産に差し出している。村の人びとにとって、世をときめく石翁と、もとの奉公人という交流を示す一つのエピソードであった。村の人びとにとって、千恵がただの大奥帰りの老女というだけでなく、幕府の高官と対等に言葉を交わすことのできる人物として印象づけられたに違いない。また石翁にとっても最後の思い出に残る旅であったはずである。

千恵は石翁の接待を済ませるとすぐに、「西御丸おひわ殿」からの呼び出しの手紙によって、五月二十五日、江戸城に向かった。このときは、供の者に着替えの単衣物を持たせており、はじめから長期出張を予定していたと思われるが、ほぼ五十日間、七月十六日まで江戸に滞在している。在府中のスケジュールを見ると、最初はひわに頼まれて西丸のお美代部屋に逗留したのち、七月の初めに駿河台の中野邸に御用で参上し、さらに馬喰町の山口屋に立ち寄って帰途についている。帰村後はしばらく家にいたが、九月には神奈川宿の大黒屋の養子に入った弟可吉と一緒に、甥たちを連れて川崎大師《かわさきだいし》の参詣に出かけている。

天保十一年の師走七日、西丸のひわ殿から再度使者が来て千恵の出府を促した。これに応じた千恵は「西御丸檀那様へ上がる」とあって、お美代部屋へ向かっている〔九巻、六〇頁〕。供の者に「蕎麦切二切、溜《たまり》、納豆、漬茄子一重、蜜柑《みかん》拾五入壱籠、むきみ壱重」と大量の荷物を持たせているのは、例によって部屋方一同の食料である。翌年春になっても帰って来ない千恵に対して、家から「用事申し遣わし、下り候様に申し遣わし候」〔天保十二年閏正月十日〕と帰村を促した結果、天保十二年閏正月晦日になってようやく帰っている〔九巻、七六頁〕。ここでいう「用事」とは、おそらく姪に当たる大黒屋可吉の娘りえの江戸奉公に関わる件と思われる。

千恵が、姪りえの御殿奉公に奔走した様子が日記からもわかるので、関係する記事を拾い出してみよう。千恵は、天保十二年四月三日から江戸へ出ていたが、五月二十日に、西丸の用人に持たせて藤右衛門に宛てた一通の手紙を届けた。それによると、一橋家の御屋敷の奥で人を求めているが、神奈川のりえにふさわしい奉公口と思うので、応募したらどうかというものであった。すぐに神奈川へ伝えたところ、かねてから武家奉公を希望していたりえは、すぐに父親の可吉と一緒に出府して一橋邸の御目見え〔面接〕に臨んだが、六月十日付の千恵の手紙によると、どうやらりえは、面接のテストに失敗したようで、何とも「惜しき口」だったと残念がっている〔九巻、一五五頁〕。千恵は、就職も本人が国元にいては何かと不便なので、奉公口が決まるまでの間、りえをお美代部屋に預かってもらえるように願い出て聞き届けられるなど段取りを立てた。このため七月十八日には村に帰って、すぐにりえを連れて出府する予定にしていたところ、りえは体調を悪くして出発を延期〔七月二十九日〕、しばらく様子を見ていたが、結局千恵は一人で江戸へ戻っている〔八月三日〕。その後もりえの母親の病気、千恵の病気などのために、りえの出府はなかなか実現しなかったが、翌々年の天保十四年三月六日になって、ようやく千恵と同道して江戸に向かうことができた〔九巻、三〇九頁〕。当座は、お美代部屋へ泊めたものと思われるが、その後、西丸のなかで奉公先の部屋が決まり、父親の可吉も出府して、念願の大奥奉公が叶ったにもかかわらず、運の悪いことに、りえは八月十九日「癨病《かくびょう》」、つまり暑気当たりのような症状に罹って西丸を下がっている〔九巻、三三三頁〕。少しの間馬喰町の山口屋で療養していたが、結局そのまま神奈川の実家に帰ってしまい、二度と奉公口を探すことはなかった。りえにはどうしても御殿奉公が合わなかったのであろう。有力な縁もあり、機会にも恵まれながら、ついにそのチャンスを生かすことができなかった。

7　江戸城の異変

千恵が足繁く生麦村と江戸を往復していた天保十二年には、実は江戸城のなかで大きな異変が生じており、大奥に居住するお美代の身辺にも影響が及んでいた。すなわち、天保十二年閏正月、西丸に移っていた大御所家斉が享年六十九で亡くなった。公表された没日は閏正月三十日であるが、実は同月七日に没していたという（深沢一九八〇）。大奥のなかでは将軍の死去は周知のことであったから、当時お美代部屋に逗留していた千恵もまた知っていたはずである。先に見たように、この年閏正月十日に実家から帰村を促されていたのにもかかわらず、なかなか帰れなかったのは、家斉の薨去《こうきょ》が公表されるまでは情報を知っていた者たちが、江戸城に足止めされたためと考えられる。

家斉の死は、幕閣内部に権力闘争を引き起こした。老中水野忠邦の主導によって、家斉の側近勢力の追放と大奥の粛正が行われ、これが口火となって幕政の改革にいたったことはよく知られている。この一連の出来事は、千恵の身の回りにも直接的な影響を与えずにはおかなかった。それは中野石翁の失脚であり、お美代の方の地位喪失であった。石翁は、家斉が没すると身の危険を感じて、ただちに向島にあった豪奢な別邸を自ら毀《こわ》したと伝えられる。すでに隠居していたため罰が直接身柄に及ぶことはなかったが、失意のうちに翌天保十三年五月に没している。千恵は、石翁が亡くなったときは、ちょうど生麦村の家で病に臥せっていたので、葬儀にも出席できなかったが、その後天保十五年五月の石翁の三回忌には江戸に出て墓参を果たしている〔十巻、四六頁〕。

お美代の実父である僧の日啓は、家斉の死後すぐに女犯の罪の名目で訴追され獄死を遂げている。家斉の死後、西丸には将軍家慶の子家定《いえさだ》が入ることとなり、お美代ら側妾たちはここを立ち退かねばならなかった。さて、お美代の方のその後の身の振り方については、二つの説が行われている。第一は、家斉没後陰謀に加担した罪によって押し込めを命ぜられ、その後溶姫の願いで本郷の加賀藩邸に引き取られたという説である。もとは三田村鳶魚氏がその著書のなかで述べ、いまも一部で流布されている。第二は、幕末に十三代将軍家定の御台所のもとで御中臈を勤めたことのある村山(大岡)ませ子氏からの聞書きとして三田村氏が書き留めている一節にある、「文恭院《ぶんきょういん》様(家斉)の御寵愛になったお美代の方は、専行院《せんこういん》と申して二の丸の住まいへ、お清の間を拵え、頂いたお位牌(故将軍の)のお守りをしていました」という説である(三田村一九七六b)。お美代は仏門に入り専行院を名乗り、二の丸にお清の間(仏間)を与えられていたというのである。

　前者は、根拠になる証拠がないうえに、天保改革では奥女中に罰を科さなかったという通説にも反している。これに対し、後者は同時代人の証言として評価することができるように思われる。この点を関口家の日記から確かめてみよう。天保十二年四月三日には「お千恵、西御丸へ今日上がる」(九巻、八八頁)とあって、まだ家斉在世中と同じ場所に赴いており、五月二十日にも「西御丸より御用人手紙持参」とあるが、七月十八日になると「お千恵今日帰ル、十六日ニ二ノ丸下り候由」とあり、また八月三日にも「二ノ丸へ出府」(九巻、一六六頁)とあるように、千恵の行っていたお美代部屋が江戸城から外へ移ることはなかったものの、六月を境にして江戸城の西丸から二の丸へと転じていることが知られ、右の第二の説に符合する。

いまひとつは、千恵と江戸城とをつなぐパイプの役を果たしている女性が、ちょうどこの時期に名前を変えていることにも注目したい。これまでも述べてきたように、例えば天保十一年十二月七日に「西御丸おひわ殿より使来り止宿、お千恵上り候様申越し候」(九巻、五九頁)とあるのは、千恵と長い付き合いのあった西丸大奥のお美代部屋の局役を勤める「ひわ殿」からの出府依頼と考えられる。しかし、ひわの名前はこのときを最後に姿を消し、その後は「二ノ御丸久尾《ひさお》殿より御菜《ごさい》長次使ニ来り止宿」(天保十三年二月二十四日、九巻、二〇三頁)とか、「二ノ御丸久尾殿よりお千恵病気御尋ね、使い来ル」(天保十三年五月三日、九巻、二二五頁)とあり、また「二ノ丸久尾様よりお千恵方へ迎の者参り、急ニ上りくれ候様に申越し候」(天保十四年閏九月二十八日、十巻、六頁)とあるように、江戸城からの連絡は二の丸大奥の「久尾殿」が担当するようになる。天保十三年の条は千恵の病気見舞いであること、十四年の依頼に対して千恵はこれまでと同じように対応していることからみて、久尾は千恵にとっての新しい相手ではなく、前から親しかったひわであることは間違いあるまい。お美代の方が中臈から仏門に入って専行院と称したのに伴って、これに従ったひわも久尾と名前を変えたのであろう。このような江戸城大奥の変動にもかかわらず、千恵は、ひわ改め久尾を通じて、村と大奥お美代部屋との間を往復する生活を続けていくのである。

第四章　村に生きる

1　江戸との往復

千恵は、十九歳で村を出て江戸町人の妻となり、その後曲折を経て三十二歳から大奥《おおおく》の女中として過ごし、四十二歳の夏に二十三年ぶりに生まれ故郷の生麦《なまむぎ》村に帰って来た。彼女は、帰郷直後に後半生の生き方を決定づける二つの選択を行った。

一つは、二百俵取りの旗本《はたもと》との縁談を自分の意志で断ったことであり、二つ目は、大奥時代の上司から江戸城に呼び出しを受けたとき、これに応えて江戸との往復を続ける生き方を選んだことである。

千恵にとって、生麦村と江戸城との往復が、どれほど彼女の後半生のなかに大きな位置を占めたかは、表9、図1によって知ることができるであろう。この表によれば、千恵は四十三歳から六十八歳までの二十六年間に少なくとも江戸―生麦村を二十七回往復し、このうち江戸滞在日数のはっきりしている二十三回分を合計すると延べ二一一日になり、後半生の五分の一を江戸で送ったことになる。一回の滞在日数は最長で二三二日に及び、平均でも九十一日に達している。

ここで千恵の出府《しゅっぷ》から帰村にいたるまでの経過を、日記の記事に即して比較的内容に特徴のある事例を取り上げて紹介することとしたい。

まず第一は、表9⑨の場合、江戸から呼び出しがかかったケースを取り上げよう。天保十四(一八四三)年閏九月二十八日の日記には「今夜五つ時(午後四時)頃、二ノ丸久尾《ひさお》様よりお千恵方へ迎之者参り、急に上りくれ候様ニ申越候」(十巻、六頁)とあって、至急千恵に来てほしい旨の口上を持った迎えの者が訪れている。翌朝、支度もそこそこに千恵は迎えの者と一緒に二の丸に向かった。千恵はそのまま二の丸に入り江戸城で年を越し、弟東作《とうさく》(享二《きょうじ》改め)が年始のために従者の亀五郎を連れて江戸に出た折には、千恵のいる二の丸へ「納豆二重」を届けている。東作に促されたものか、正月十三日には千恵は馬喰町《ばくろちょう》の山口屋へ下がり、翌十四日に亀五郎を荷持ちに従えて、東作と一緒に帰村している。

第二は⑳のケースで、千恵が江戸からいろいろと衣類や現金の送付を要請しているところに特徴がある。嘉永五(一八五二)年三月五日に母親と一緒に出府、母親は十日ほどで帰村しているが、千恵はそのまま江戸城に逗留《とうりゅう》したと思われる。五月十四日には、使いの国次郎が「二ノ御丸おのぶ方へ衣類届ケ、枇杷《びわ》弐籠遣ス」(十二巻、二〇七頁)とある。五月二十六日の日記には「二ノ御丸よりお千恵手

№.	出発年月日	帰宅年月日	日数	行き先と目的	土産品	年齢	同行者
⑱	嘉永2.9.12 (1849)	1850.　?		二の丸	(焼はぜ1重，かき1重)		国次郎
⑲	嘉永3.9.26 (1850)	1851.2.2	127	二の丸	(焼はぜ1重，ひしお1重)	54	国次郎
⑳	嘉永5.3.5 (1852)	1852.10.27	232	二の丸	(衣類，枇杷)	56	
㉑	安政3.4.30 (1856)	1856.9.8	129	二の丸		60	亀五郎
㉒	安政4.7.1 (1857)	1857.　?				61	北その
㉓	安政5.5.5 (1858)	1858.8.18	103	二の丸		62	(鶴見泊)
㉔	安政5.9.6 (1858)	1859.12.11	95	二の丸			(北熊次郎方泊)
㉕	文久1.5.26 (1861)	1861.6.19	23	二の丸		65	(鶴見泊)
㉖	文久2.2.28 (1862)	1862.7.6	128	二の丸 (雛拝見)		66	(鶴見泊) まち
㉗	元治1.3.9 (1864)	1864.6.13	94	二の丸，山口屋	(蚕豆，キス開き，味噌漬大根，桃)	68	(鶴見泊)

注　土産品欄の括弧は，千恵の江戸滞在中に届けられたもの。
　千恵の年齢は，出発時の数え年。
　同行者欄の括弧は，前日の宿泊場所。

表9　千恵の出府一覧（天保10〈1839〉年〜元治元〈1864〉年）

No.	出発年月日	帰宅年月日	日数	行き先と目的	土産品	年齢	同行者
①	天保10.10.3 (1839)	1840.3.14	161	西丸他，礼	赤飯，煮染，煮魚	43	母，亀五郎
②	天保11.4.29 (1840)	5.15	16	山口屋・西丸		44	元吉
③	天保11.5.25 (1840)	7.16	51	西丸・中野屋敷	梅干2重		国次郎
④	天保11.12.10 (1840)	1841. 閏1.30	80	西丸	蕎麦切，納豆漬茄子，蜜柑1籠，むきみ		常吉
⑤	天保12.4.3 (1841)	1841.7.18	105	西丸・二の丸	栗飯2重，梅干，味噌漬	45	亀五郎
⑥	天保12.8.3 (1841)	1841.8.28	25	二の丸	梨20，(きす開き)		亀五郎
⑦	天保14.3.6 (1843)	1843.4.4	28	二の丸，りえ奉公口尋ね		47	りえ，長五郎
⑧	天保14.5.9 (1843)	1843.9.9	120	西丸・二の丸			国次郎
⑨	天保14閏9.29 (1843)	1844.1.14	105	二の丸			迎えの者
⑩	天保15.5.11 (1844)	1844.6.27	46	二の丸，石翁三回忌墓参		48	亀五郎
⑪	弘化1.12.11 (1844)	1845.5.5	145	二の丸	(草餅1重，紫蘇の実)		亀五郎
⑫	弘化3　? (1846)	1846.5.17	34			50	
⑬	弘化3閏5.22 (1846)	1846.　?					亀五郎
⑭	弘化4.3.30 (1847)	1847.8.27	148	二の丸	(桃)	51	
⑮	弘化4.10.2 (1847)	1847.11.2	31	山口屋			国次郎
⑯	嘉永1.4.14 (1848)	1848.　?		浜町小笠原		52	亀五郎
⑰	嘉永2.5.26 (1849)	1849.8.20	85	二の丸		53	亀五郎

図1　千恵の出府と病気の関係図

年	1月	2月	3月	4月	5月	6月	7月	8月	9月	10月	11月	12月	泊数	年齢
天保10	—	—	—	—	—	—	—	—18		3—	—	—	87	43
天保11	—	—	—14		29-15	25—	—16					10—	162	44
天保12	—㉚			3—	—	—	—18	3-28					190	45
天保13		(20		病気 22)										46
天保14			6—	4	9—	—	—	—	—9 ㉙—	—	—	—	240	47
弘化1	—14				11—	—27						11—	80	48
弘化2	—	—	—	—	—5								125	49
弘化3				?-17		⑤22—	—	—?					?	50
弘化4			30—	—	—	—	—	—27		2—	—2		179	51
嘉永1				14—	—	—	—?						?	52
嘉永2						26—	—	—20	12—	—	—	—	194	53
嘉永3	—?								26—	—	—	—	?	54
嘉永4	—	—2	(病気)										32	55
嘉永5			5—	—	—	—	—	—	—	—27	(病気)		232	56
嘉永6														57
安政1														58
安政2														59
安政3				30—	—	—	—	—	—8				129	60
安政4	(不快)						1—	—?					?	61
安政5					5—	—	—	—18	6—	—	—	—11	198	62
安政6														63
万延1														64
文久1						26-19							23	65
文久2		28—	—	—	—	—	—6					(不快)	128	66
文久3	(不快)	(不快)									(不快)			67
元治1			9—	—	—	—13					(不快)		94	68
慶応1	(不快)								(死亡)					69

注　千恵の江戸滞在期間を実線で示した。数字は出発と帰宅の日付，丸数字は閏月を示す。

紙届ク」とあり、手紙の趣旨は「おぎん持参衣類遣わしくれ候様」というものであったので、即刻依頼の品を今出屋を通じて馬喰町の山口屋へ届けたと記している。また九月三日には山口屋からの使いが来て、千恵の小袖《こそで》を取りに来たことを記している。ついで十月一日には、山口屋からの手紙を「魚《うお》荷《に》の者」が届けた。魚荷の者とは、生麦村の生魚を江戸の魚市場へ直送するために毎日荷を運んでいる連中のことであろう。この手紙は千恵から「金子《きんす》入用」を訴えてきたもので、早速金三両と頭巾《ずきん》を今出屋まで持参している。その後十月下旬に千恵が体調をくずして江戸城を下がって山口屋で休養しているとの報が届き、同月二十七日の夕方ようやく村へ帰って来た。

⑨のように江戸城の久尾から出府を促されたケースとして、③の江戸から飛脚便が来た場合、④の使いの者が来た場合、そして⑪の二の丸からの使いが「お千恵頼みたきに付き上り候様」との久尾の手紙を持参した場合などがあり、千恵の江戸城行きが決して遊興《ゆうきょう》のたぐいではなく、つねにお美代《みよ》部屋の要請に基づいた行動であることを裏付けている。

行き先は、はじめは西丸、のちお美代の転居に伴って天保十二年からは二の丸である。江戸城へ上がる前後には、関口家の親戚に当たる馬喰町の山口屋に寄っているケースが多い。とくに体調をくずしたときなどは、ここで休んで体調を整えてから帰路につく場合があった。江戸へ持参する土産《みやげ》品は、記載のあるものを表に示したが、（　）に入れたものは千恵の江戸滞在中に、家から送ったものであることを示し、最初から持っていたものと区別している。はじめのころは、必ず土産品を用意したが、天保十三年の病気を境にして土産なしの出府が多くなり、滞在中に品物を届けさせるようになっている。

同行者は、母(伊恵)、姪(りえ、まち)など親族と一緒の場合もあるが、多くは荷物持ちを兼ねた供の者が付き添った。亀五郎、国次郎らはいずれも関口家の近くに住む農民で、同家の小作人をしたり、賃仕事をしている。江戸行きにはその都度賃金を払っているので、下人《げにん》や奉公人ではない。さて、千恵は江戸までどのように行ったのであろうか。実は、二十七回の往復のなかで、その移動手段を明らかにする記述は見られない。一般的には徒歩であり、千恵の父親が名主として江戸の代官屋敷《だいかんやしき》を訪れるときなども徒歩であるが、特別な場合、例えば千恵の婚礼に出席するための母親が雨中に出府するときなどは駕籠《かご》で行っている(文化十二年四月十八日)。千恵の姪に当たる若いまちが戸塚の婚家から来るときには「駕籠にて来る」(慶応元年九月十一日、十五巻、三九一頁)、「金壱分弐朱駕籠賃遣し候」(同月十八日)などという記事があるので、千恵も奥女中十年のキャリアであれば駕籠を利用したとしてもおかしくはないと思うのだが、出産の前後を別とすれば、日記による限り晩年にいたるも江戸や神奈川との往復に駕籠を使ったことを窺わせる記事がない。関口家では駕籠を備えており、病人など必要があれば村人たちに貸していたのであるが(十巻、一七九頁)、やはり千恵は一貫して徒歩で出府したのである。

千恵晩年の江戸行きの例を二つ挙げておこう。まず㉖を見ると、文久二(一八六二)年二月二十八日の夕方から鶴見《つるみ》村の六郎右衛門の家に出かけ、ここで一泊して翌朝江戸に向けて出発している〔十四巻、三〇八頁〕。このときは、ちょうど実家に来ていたまちを江戸城本丸の雛飾《ひなかざ》りの拝観に誘っている。江戸城の雛人形は関係者の紹介がある女性ならば誰でも見学が許されており、千恵はこれまでも母親たちに拝観の便を計っていたので、まちも一度は拝観の機会を得たいと思ったに違いない。まちは後を追って三月一日に江戸へ発ち、雛飾りを見たあと江戸見物を終えると同月九日に戸塚に帰っている。千恵はそのまま江戸城に留まって、七月に弟東作の病気を知らせて迎えに来た亀五郎と一緒に村に帰って来た。

㉗は千恵の最後の江戸行きの記録である。元治元(一八六四)年三月九日に江戸に向けて出発した〔十五巻、二二五頁〕。この日は昼ごろ家を出て、鶴見の六郎右衛門の家に立ち寄り一泊して、翌朝出立して江戸へ入るのである。このとき千恵は六十八歳、二の丸でどのような仕事が待っていたのか明らかにすることはできないが、少なくとも三十年来の女主人である専行院《せんこういん》(お美代の方)と上司であり朋友でもある久尾とが女同士心おきなく昔話を語り合える交わりが待っていたことは確かであろう。このたびの江戸行きも手紙と物資の往復が頻繁である。四月十七日に江戸馬喰町の山口屋から千恵の手紙が関口家に届き、同二十一日には千恵の「単物《ひとえもの》二つ、かん十六蚕豆《そらまめ》等」を山口屋まで届けるよう「魚荷の衆」へ頼んでいる。ついで五月六日には「先日中少々不快に付き見舞い」のために、「キス開き数五十計、かんぢう六豆、味噌漬け大根」を山口屋まで使いの秋太郎が運んでいる。また六月十一日

には、江戸行きの便のある戸塚の清蔵に、山口屋まで千恵の帷子《かたびら》二つと桃一籠を届けてもらうことを頼んでいる。千恵は同月十二日には江戸を発って鶴見に着き、一泊して十三日夕刻に生麦村に帰って来た〔十五巻、二二六頁〕。要するに、二の丸に上がったもののすぐに体調をこわしたので、山口屋に下がって療養生活を送り、関口家でも心配して衣類や食料の差し入れをしていたが、ようやく三カ月ぶりに体力も整ったので帰って来たのであった。

晩年の特徴は、江戸に行くときに前日に鶴見の六郎右衛門家(しげの婚家)に立ち寄り翌朝江戸へ出立していることである。千恵が六十歳のときまでは直接生麦村から江戸へ向かっているが(㉑まで)、六十一歳、六十二歳の出府の折は前夜「北おその」もしくは「北熊次郎」方へ止宿して(㉒㉔)、翌日二の丸をめざしている。そして最晩年には、いずれも前の日に生麦村を発ち鶴見村に泊まって翌朝江戸へ向かっている(㉓㉕㉖㉗)。

2 外出と病気

千恵は、江戸城との間を往復するほかには、どのような生活を送っていたのであろうか。江戸以外の場所への外出をすべて拾い出したものが表10である。江戸行きと同じ期間の二十七年間に四十四回、記帳漏れもあるかもしれないが、意外に少ない数ではなかろうか。行き先は、墓参、寺社参詣、親戚宅などに限定されている。墓参は近親者の葬儀、回忌《かいき》に赴くもので、妹なみ（麻布善福寺《あざぶぜんぷくじ》）、姉しげ（鶴見）、弟可吉《かきち》（神奈川宿青木町）、伯母十三回忌（鶴見成願寺《じょうがんじ》）、母、祖母三十三回忌などがあった。寺社参詣は、川崎大師《かわさきだいし》、神奈川寂浄院《じゃくじょういん》、片瀬《かたせ》、観音、池上本門寺《いけがみほんもんじ》、村の慶岸寺《けいがんじ》などが挙がっている。他に姪の愛を連れて潮干狩りにも行っている。しかしこれらの行き先は、菩提寺《ぼだいじ》の墓参を除けばどれも一回だけの登場であるから、必ずしも千恵の外出を特徴づけるものとはいえない。

千恵の場合、知人を訪ねるということはほとんどない。江戸に出ても、江戸城二の丸の久尾を訪ねるほかは、昔の友と旧交をあたためることも見られない。若いときの空白があるから、生麦村内にはお喋りの相手もみつけることができなかったのであろう。そのなかで、親しく交流しているのが、姉しげが嫁いだ鶴見村の六郎右衛門家と、弟可吉（斉三郎）が婿入りした神奈川宿青木町の大黒屋であった。しげとは生前に、墓参や加持祈禱《かじきとう》に一緒に出歩いていた。しげの死後も鶴見の家とは往復があり、とくに晩年出府の際に立ち寄って一泊したことは前に述べた。大黒屋とは、可吉の義母にあたるいのの病気見舞いに行ったり、可吉の娘りえの奉公口探しに奔走したりしている。可吉が死んだ後も、大黒屋とはこれまで通り頻繁な行き来をしており、最晩年には供を連れて遊びに行き、十日ぐらい泊まって帰って来るということをよくしていた。外出には、近くの鶴見や神奈川宿に赴くときでも、多くは供を従えて往復している。

年　月　日	宿泊日数	目　的　地	同　行　者	年齢
嘉永7.10.26		鶴見幸吉祖母葬式	満作	58
(1854)　11.5		大黒屋，墓参	供，菊次郎	
安政2.8.16	1	大黒屋，墓参	北その	59
(1855)　11.26		鶴見中宿	供，忠次郎(亀五郎孫)	
安政3.3.24		池上参詣	その，ぎん	60
(1856)　11.18	2	大黒屋，墓参	かじやゆふ	
安政4.5.3 (1857)	13	大黒屋	迎えの者	61
安政5.4.20 (1858)		鶴見成願寺，下伯母十三回忌	北その	62
安政6.6.25 (1859)	7	大黒屋，りえ病気見舞い	東右衛門	63
万延1.9.29 (1860)	3	戸塚，大黒屋	供，伝蔵	64
文久1.11.8		母の墓参		65
(1861)　11.24	10	大黒屋	供，伝蔵	
文久2.2.17 (1862)	10	大黒屋	供，伝蔵	66
文久3.2.22	?	大黒屋	北その	67
(1863)　3.21	20	岸，異人一件につき疎開	とく(弟の妻)	
8.10	?	大黒屋	供，秋太郎	
元治1.3.1 (1864)		墓参，祖母利恵の三十三回忌		68
慶応1.6.21 (1865)		村慶岸寺，高野山勧化の宝物拝見	たえ(東右衛門の妻)	69
8.4	3	大黒屋	子供送り，子蔵迎え	

表10　千恵の外出先(親類と近在)

年　月　日	宿泊日数	目　的　地	同　行　者	年齢
天保10. 9 . 5 (1839)		神奈川宿紀伊国屋へ帰宅挨拶	父	43
天保11. 9 . 8 (1840)		川崎大師参詣	可吉，門次郎，梅二	44
天保12.10.23 (1841)	13	神奈川大黒屋へ病気見舞い	母	45
天保13. 8 .28 (1842)		鶴見天王院へ墓参	母	46
9 .26		神奈川寂浄院へ加持祈禱	しげ(姉)	
天保14. 3 . 2 (1843)	2	大黒屋，りえの奉公口の件	供，久左衛門	47
天保15. 3 .17 (1844)		墓参，寺尾番神，清水久保	しげ，愛(姪)	48
弘化 2 . 5 . 9 (1845)		墓参，清水久保	しげ，愛	49
8 .14	?	大黒屋	供，重五郎	
9 . 4	1	麻布善福寺へ墓参，なみ一周忌	供，亀五郎	
弘化 3 . 9 .14 (1846)		片瀬，大黒屋	鶴見幸吉，りえ	50
嘉永 2 . 2 .14 (1849)		鶴見幸吉へ嫁安産女子出生祝い	東作(兄)	53
3 .17		潮干狩り	東作，愛	
閏 4 .21		今出屋	東作，愛	
5 . 5		鶴見亡姉(しげ)の墓参	東作，斉三郎，満作，愛	
嘉永 3 . 3 . 4 (1850)	8	子生，大黒屋	東作，斉三郎	54
5 . 3		西子安村松坂屋	供，下女たけ	
9 . 6		鶴見村六郎右衛門	満作迎え	
嘉永 4 . 9 .11 (1851)	5	片瀬参詣，戸塚内山氏，大黒屋	母，供，亀五郎	55
嘉永 5 閏 2 .23 (1852)		大黒屋	りえ，すみ，亀五郎	56
嘉永 6 . 2 .15 (1853)	?	大黒屋		57
4 . 1		観音参詣	嶋田屋すみ，きみ	
5 .25		大黒屋	斉三郎	
7 .25		大黒屋		
8 . 9	5	大黒屋，斉三郎の七日墓参り	供，達次郎	

さて、千恵の健康状態をチェックしておこう（表11）。天保十三年、千恵が四十六歳のとき、村に帰って初めて大病に罹《かか》った。前年秋から歯痛を訴えていたが、この年二月二十日には医者の往診を受け「煎薬《せんやく》」を調合してもらうもののよくならず、同二十六日の記事に「十三、四日頃より歯痛止み、胸痛、肩・背中痛強く、痰気・咳出・発熱・往来相勝れず打臥《うちふ》す、介抱人お銀、およね頼む」〔九巻、二〇四頁〕とあるように、症状が全身に出てかなり重症の体を呈したことを教えてくれる。このときは、医師の小林伯老に診察を仰ぐとともに、富士浅間社《せんげんしゃ》の護摩《ごま》焚《だ》きとお守りをもらって何とか切り抜けている。その後しばらく病状の記録がなかったが、四月二十二日にいたって「床上げ致し候間、赤飯配る」という全快祝いの記事が見られる〔九巻、二一四頁〕。

二月二十六日にまとめて記してある見舞い品を贈り主ごとに表にまとめたものが表12である。これによって千恵の人間関係の広がりが窺えるように思われる。贈り主は全部で二十九人、このうち江戸城の久尾や神奈川宿の紀伊国屋や大黒屋を含んでいるので、村の住人は二十数人であろうか。ちょうど千恵の病気の少し後に弟の東作も肩の痛みで臥せっていたが、彼を見舞った到来品も記録されている。それによると贈り主は九人、そのうち七人は千恵のそれと重なるので表12の参考欄に示しておいた。千恵については三年前に江戸から村に帰って来たとき、祝い品を持って迎えてくれたのは、紀伊国屋、大黒屋の親戚を含む五人にすぎなかった。この三年間で、村人の千恵を見る眼が変わっていることを示している。

表11　千恵の病気

年　月　日	年齢	記　　事
天保12.11.24 (1841)	45	千恵歯痛。すさみ屋より魚7つ見舞いにもらう
天保13. 1 .25 (1842)	46	紀伊国屋よし見舞いに来る。あなご蒲焼き16本など
2 .20		肩背痛にて発熱，小林伯老頼み煎薬。北熊次郎に頼み，富士浅間焚上げ致しもらうつもり
2 .21		北その護符ならびに富士水持参。夜中，痛み強く寝られず
2 .24		昨今両日，清水久保よりよね来たり，昼夜とも看病
2 .26		大黒屋可吉，見舞いに白砂糖・卵持参。13，14日頃より歯痛止まり，胸痛，肩背中痛強く，痰気咳出，発熱，往来勝れず臥す。介抱人，銀，よね頼み，毎夜世話。見舞い品(表12参照)
3 .15		紀伊国屋三郎兵衛，見舞いに来る
3 .27		紀伊国屋より見舞い，柏餅1重など
4 .22		床上げ，赤飯配る
5 . 3		二の丸久尾より病気御尋ね使い来る。御米1袋・菓子重入り・砂糖重入り・粉塩・氷白米1重
嘉永4 . 3 . 3 (1851)	55	病体重く見え候に付き，大黒屋まで書面遣わす。夜斉三郎来る
3 . 5		清水久保よね来る。夜伽，止宿
嘉永5 .10.20 (1852)	56	千恵，不快にて御殿より下がり馬喰町山口屋に逗留
10.27		千恵，江戸より帰る
11.22		小嶋雄章，先日より千恵病気見舞いの所，最早よろしき由申す
安政4 . 1 .18 (1857)	61	昨夕より清水久保よね来たり逗留。千恵不快につき介抱
文久2 .11.27 (1862)	66	少々時候当たりにて打ち臥せ候，北その来て看病
文久3 . 1 .25 (1863)	67	両三日風邪のところ，痰にて不快につき，小嶋将監に見せる
2 .28		少々不快につき小嶋来る
10.27		不快につき，のふ介抱に来る
元治1 .10.21 (1864)	68	先日中より少々不快につき，北その来て世話いたす
元治2 . 1 .17 (1865)	69	先日中より風邪にて持病に臥す。14日より今日まで北そのの止宿
1 .30		紀伊国屋，大師参詣の途中，千恵不快の見舞いに寄る。羊羹持参
慶応1 . 9 . 8 (1865)		少々不快につき，昨夜より末吉屋老母泊まり
9 . 9		4，5日前より時候当たりにつき小嶋医師頼む。俄に瘂，差し発す

表12　天保13(1842)年，千恵への病気見舞い品一覧

贈り主	千恵への見舞い品	〔参考〕東作への見舞い品
次郎右衛門	ひらめ３枚	温飩１重
喜十郎	ひらめ	
伝七	かは焼き10本	
利八	亀甲煎餅	
佐左衛門	小麦粉	
七之助	草餅	
源介	草餅	
勘左衛門	砂糖100文程	
惣八	草餅	
六郎右衛門	座禅豆１曲	
すさみ屋	氷砂糖，小豆団子	柏餅１重
甚五郎	白砂糖１袋	小豆団子１重
与次右衛門	切餅１重	
神奈川大助	ひらめ３枚	鮑１つ
可吉	白砂糖１袋，雛卵９つ	
北熊次郎	あいなめ７つ	
亀五郎	切餅１重	小麦団子１重
今出屋	白玉粉，菓子	団子１重
つるみ権蔵	白砂糖１袋	
松坂久次郎	練羊羹箱入り	
十左衛門	ひらめ３，きす９つ	
紀伊国屋	柏餅60，味噌漬魚	
馬場梶右衛門，久右衛門，次郎吉，甚吉，安太郎	白砂糖100文	
きり屋*	蒲焼	蒲焼
二の丸久尾*	米１袋，菓子重入り，砂糖，粉塩	

注　天保13年２月25日による(*を除く)。
　　*きり屋は３月15日，久尾は２月24日・５月30日。

大奥の久尾からは、二度見舞いを受けている。はじめは二月二十四日、まだ千恵が臥せっているときに、久尾の使いとしてゴサイの長次が上菓子一重を持参してきた〔九巻、二〇三頁〕。次に千恵が床上げしたあと五月三日になって久尾から「お千恵病気御尋使」が来訪し、このときは見舞いとして「御米壱袋、菓子小重入、砂糖同断、粉塩少々、氷白《（ママ）》米壱重」を持参している〔九巻、二一五頁〕。おそらく千恵から病状を含めて近況を久尾に伝えていたものと思われる。一回目は、久尾の判断で、部屋のゴサイに菓子を持たせたのであるが、二回目は特別に使者を立て「御米一袋」を届けている。村の地主に一般の食料米を送るわけはなく、専行院の了解のもとで、江戸城用の「御米」を下賜したのであろう。村人からの見舞いには返礼していないが、久尾からの見舞いに対しては、一回目は「納豆、茄子、白州干少々」を、二回目には「赤子梅、紫蘇ノ実、茄子三盃漬」を使者に渡している。

　その後十年間は、千恵が病気に罹ったという日記の記述はない。床に臥せるような重症の病気とは無縁な生活を送っていたとみてよいであろう。嘉永四（一八五一）年、千恵五十五歳の三月に、「病体重く相見え候に付き」〔十二巻、五七頁〕大黒屋にまで知らせてやったことがあったが、これも清水久保のよねに夜泊まってもらう程度で治まった。翌五年、千恵が江戸にいるときに気分が悪くなり〔十二巻、三〇八頁〕、馬喰町の山口屋に一時逗留して様子を窺ってから村に帰って来るということがあった。このときは、一カ月ほど家で静養して医師小嶋雄章から全快のお墨付きをもらっている。その後しばらくは流石の千恵も出府を控えていたが、病気から四年目、六十歳になってから江戸城通いを再開している。翌安政四(一八五七)年正月、千恵「不快に付き」、清水久保のよねに来てもらって看病を頼んでいる(十三巻、二二三頁)。しかしこれもたった一日の記事であったから、千恵の行動を制約するものではなかった。

晩年も床につくのが珍しいほどなので、以下軽い病についても逐一その病状を記録しておこう。文久二年秋には「少々時候当り」で床に臥せ、北そのに看病に来てもらっている(十一月二十七日、十五巻、三五頁)。翌年正月には「両三日風邪の処、痰にて猶また不快に付き、小嶋将監老に見せ候」(正月二十五日、十五巻、四六頁)とあって風邪をこじらせている。二月にはいったん快復し大黒屋まで出かけているが、二十八日には「少々不快に付き小嶋来る」とあって医師を呼んでおり、また同月二十五・二十九日には「伯母按摩《あんま》代百文」が東右衛門の「金銭覚」に記帳されていることを見ると(十五巻、一四四・一四五頁)、千恵の体調が依然すぐれないことを示していよう。秋になって、千恵は「不快」を訴えて、のぶに「介抱」のために泊まってもらっている(十月二十七日、十五巻、八二頁)。元治元(一八六四)年の春、千恵六十八歳のときに江戸に出向き、体調をこわして山口屋にしばらく厄介になって帰村したことは先に述べた。

千恵が、自らの老いを感じるころに、身近な肉親たちとの別れもやって来た。

3　肉親の死

関口家の人びとは代々長寿に恵まれ、千恵が江戸から戻って来たときも両親は元気に迎えてくれた。しかし嘉永二（一八四九）年にはその父親が八十六歳で死去し、その十二年後には母親も同じ年齢で亡くなった。その前後に千恵と親しかった姉と妹、二人の弟たちも相次いでこの世を去り、千恵は彼らを見送るつらい立場に立たされたのであった。ここでは、関口家で葬儀を出した両親と弟東作について、最期の状況と葬儀の模様を見ておくこととしたい。

日記の嘉永二年正月四日条に「今朝五ツ時（午前八時ごろ）老父梧英《ごえい》翁死去」とあるように、千恵の父親関口藤右衛門《とうえもん》は享年八十六で亡くなった（十一巻、二一二頁）。千恵のことをつねに心配してきた父親だけに、千恵としても深い感慨があったに違いない。藤右衛門の死因は明らかでない。病状を記す記事としては、天保十四年正月二十三日に「老父、早朝よりふと衂血《じくち》（鼻血）出、止り申さず、即刻小林良伯・小嶋良貞両人呼びに参る、小林療治煎湯を相用う」（九巻、三〇二頁）とあり、さらに「今暁、鶏鳴《けいめい》後より又々衂血出る、夜明方漸《ようや》く止り申候」（正月二十六日）とあって、鼻血が止まらずに困ったのが唯一の病であった。その年の誕生日には「名主藤右衛門義八拾歳賀に付、春中衂血之症にて所々見舞貰候、軒別ニ赤飯配り候」（閏九月十一日）とあって、八十歳のお祝いと病気見舞いの礼を兼ねて親戚

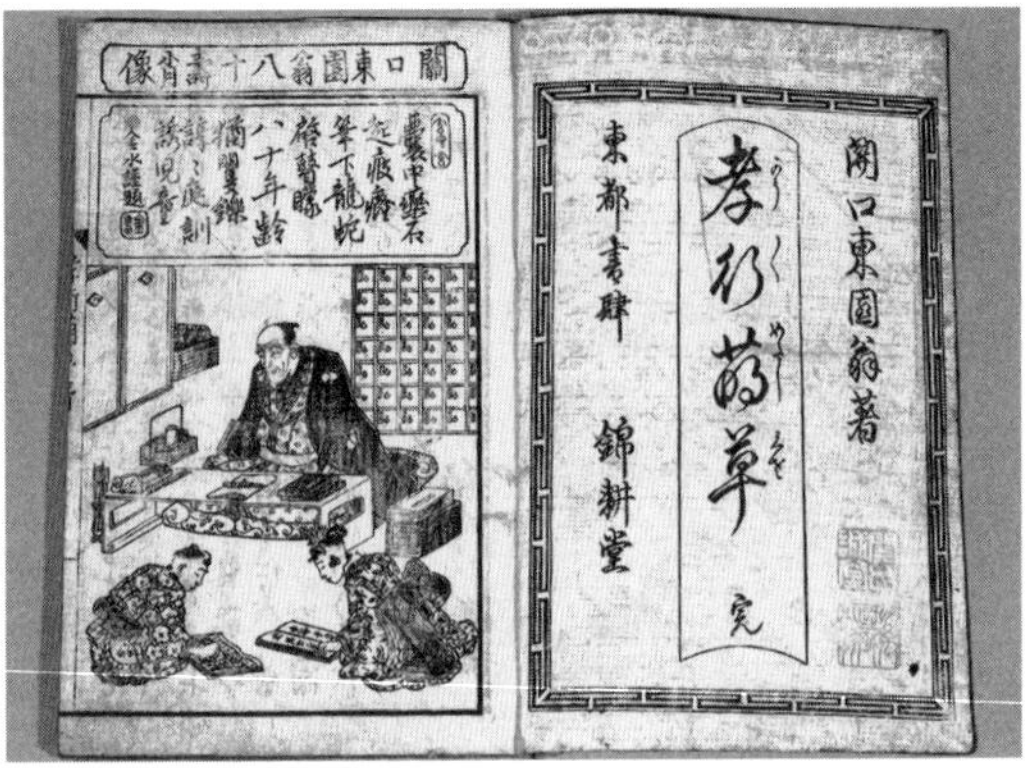

「孝行萌草」（武蔵国橘樹郡生麦村関口家文書）神奈川県立公文書館所蔵，横浜開港資料館提供

と近所に赤飯を配っているので、鼻血の心配はもうなくなっていたのだろう。その年には長年の懸案であった「孝行萌草《こうこうめばえぐさ》」の出版を実現している〔十巻、四頁〕。その後も日記を長男の東作（享二）と交互に記録し、村内のことにも相談に乗るなど健在であった。弘化四（一八四七）年には「老父駕籠にて村田屋長八方行く、同人病躰見くれ候様、末吉屋より頼む」〔八月二十二日、十一巻、一九頁〕という記事があって、病身ではあるが寝たきりではなかったことがわかる。

藤右衛門の葬儀は嘉永二（一八四九）年正月六日に行われ、千恵も白無垢《しろむく》の式服を着用して列席している。同月十日には故人を偲ぶ三十人の客人を招待して料理を振舞い、その席で菩提寺の和尚が初七日の供養を行った。供養ののち安養寺《あんようじ》へ墓参に向かったが、この日は大雪に見舞われたため女性たちは墓参を翌日に延期している。

それから十二年たった文久元（一八六一）年十月三日に

は「今夜戌下刻（午後十一時ごろ）、老母療養叶わず死去いたし候」（十四巻、二九三頁）とあり、千恵の母親伊恵《いえ》が逝去した。八十六歳の長寿であった。日記には、ここ数年外出などの行動はもとより、病状などについてもほとんど記事が見られないので、あるいは老衰による死かもしれない。この年の九月二十日に初めて「清水窪およね、老母看病に来る」と介護の記録があるが、千恵も話し相手をし、看護にも当たったであろう。二十七日には病状が悪化し、「戸塚おまち、老母大病に付き呼びに遣わし、今日夕刻来る」とあって、孫のまちが病床に呼ばれた。十月五日には葬儀、十日には初七日で客人を招き、翌十一日には墓参するなど一連の葬送儀礼が行われた。三十五日に当たる十一月八日、千恵は一人で母の墓に参っている。

翌文久二年七月には、千恵の弟であり関口家の隠居である東作が病の床についた。日記からその経過を見ると、まず六月十日に「左足甲へ腫物」ができたので、主治医の小嶋に見せた、という記事に始まっている（十五巻、三頁）。この腫れ物はいったん散って治まったかにみえたが、その後ふくらはぎに痛みを生じ、それも治ったと思ったら七月四日の昼過ぎから「俄《にわか》に不快に相成り、疳《かん》にて言（言葉）一向に相訳《あいわか》り兼《か》ね候」という状態になった。小嶋医師の往診を頼んだところ、「殊《こと》の外《ほか》大病」という診断が下ったので、急いで家族、近親者に連絡がとられた。江戸に出ていた千恵も、亀五郎の迎えを受けてすぐに帰り、病床を見舞っている。近親者と村人たちは大勢見舞いに来たが、東作の病状は一進一退であった。医者も小嶋のほか、大黒屋の紹介した針治療の盲人医師、紀伊国屋が連れて来たもみ治療人、鶴見の世話した岩村友益老らにも治療や施薬を頼んでいるが、病状は「腹下り」〈閏八月十八日〉とか、「食進まず、昨夜中余程不出来」〈十一月十一日〉などと思わしくない。このころ千恵も「少々時候当り」で床に臥せ、北そのに看病を頼んでいる〈十一月二十七日〉。そして十二月二日の日記は「今夜五つ時〈午後八時ごろ〉、親父療養相叶わず死去いたし候」〈十五巻、三六頁〉と、東作の死去を報じている。享年六十一。千恵にとって、東作は亡き父とともに彼女の生き方を肯定し生活を保証してくれた人物であった。前年の母親の死に続く不幸であり、千恵はすでに父母、姉妹と弟を亡くしていたので、これで肉親の多くに先立たれたことになり、その精神的ショックは計り知れないものがある。

4 生麦事件

東作が病の床にあった文久二年八月二十一日、千恵の家の近くでは幕末の歴史に残る一つの事件が起こった。東海道を馬に乗った外国の通行者が、薩摩《さつま》藩の武士の行列を横切ったとして切り殺された、いわゆる生麦事件である。東作の嫡男で家督《かとく》を継いでいた東右衛門はこの事件を日記のなかで次のように記録している。

島津三郎様御上り、異人四人内女壱人、横浜より来り本宮町勘左衛門前にて行き逢い、下馬《げば》致さず候哉、異人切りつけられ直《ただ》ちに跡へ逃げ去り候処、追かけられ壱人松原にて即死、外三人は神奈川へ疵《けが》のまま逃げ去り候に付、御役人様方桐屋へ御出、当村役人一同桐屋へ詰める。右異人死骸は、外異人大勢来たり引取り申し候。

〔十五巻、一五頁〕

現場の村の名主として、身近に知った情報を書き留めているのである。二十四日の大原勅使の通行までは、役人たちが出向し街道は厳重な警備が敷かれた。その後は定廻《じょうまわ》りが出動し、事件を見た女房たちに尋問しており、村の「御用留《ごようどめ》」にはこのときの目撃者の一人である大工《だいく》徳太郎女房よしの証言が記録されている。

恐れながら書付をもって申上げ奉り候

武州橘樹《たちばな》郡生麦村朝衛門分地借、大工徳太郎他行ニ付、女房よし、異人違変左ニ申上げ奉り候

一去ル廿一日八ツ時歟《か》、外国人四人内女一人交り、何《いず》レモ馬乗ニて下り之方へ罷《まか》り越し、程《ほど》なく引き返し、右四人之所、男女弐人ハ上之方へ奔《はし》り、弐人ハ馬ヲ止候ニ付、何心なく座敷を立出候処、尚壱人ハ上ノ方へ奔り戻り壱人落馬いたし、女候哉、馬之義ハ先へ奔り候、異人諸共奔り去り候、右落馬いたし候異人義は、並木縁へ倒候ヲ見受候処、左リ腹後ニ深手《ふかで》存苦□罷りあり候様子ニ相見候処、士分《しぶん》之者六人程ニて右異人手を取、畑中へ引込候、内壱人之士、剣ヲ抜

候ニ付、驚入戸隠へ入罷りあり候ニ付、其余之始末《しまつ》一切存知申さず候、然《しか》れども追々嶋津三郎様御先手《おさきて》御通行ニ相成候内、往還静ニ候ニ付、尚又立出見候はば、最早異人相果《あいはて》候様子ニて、右死骸へ古茅簀子《かやすのこ》打掛これあり候、内追々御役人様御出張これあり候儀は御□これに依り、恐れながら□始末《しまつ》御尋ニ付申上げ奉り候

已上

文久戌年八月廿五日　　生麦村

朝衛門地借徳太郎女房　よし

名主　東右衛門

同　治郎衛門

定廻り

三橋敬介　様

進道法太　様

この証言によれば、腹を切られ苦しんでいる外国人を、数人の薩摩藩武士が畑に引き入れ、一人が剣を抜いて止めを刺した様子が窺われる。

『関口日記』はどちらかというと村や家の問題は書き留めても、政治向きの話題は記されることが少なかったが、このたびの事件については無関心ではいられなかったであろう。千恵は、たまたま生

麦事件の起きたとき、東作の病気で江戸から呼び戻されていたので、異人殺害をめぐる一件を目の当たりにし、それをめぐる情報の渦のなかにいたのである。

さて翌文久三年三月になると、前年の生麦事件の余波が大きな波となって押し寄せてきた。日記は「当節横浜表、異舟英国、仏蘭亜《（ママ）》、去歳中、島津様に殺害致され候儀に付、種々申立て候由にて応接の次第にて一戦に及び候由に付、神奈川辺人家銘々相片付け騒立ち候」〔三月十四日、十五巻、五三頁〕という情報を記している。生麦事件の始末をめぐって日英の交渉が決裂し、外国船が攻撃をかけるというので、神奈川宿では立ち退き騒ぎが起こっているという。十七日には神奈川奉行所《ぶぎょうしょ》の戸部《とべ》役所から村役人の呼び出しがあり、「異人申し出候一条、御聞届けこれなきに付、来ル二十三日の応接にて次第により大砲《たいほう》相放し候哉も計りがたきに付、老人・女・子供並びに大切の品々ハ近在へ遣わし候よう」との申し渡しがあった。もはや単なる噂ではなく、幕府役所の通達によって今後の対外交渉の次第では二十四日にも艦砲《かんぽう》射撃があるかもしれないので、老幼と女性は避難せよと指示されたのである。

海浜に近い関口家では、十八日に、まず東右衛門の妹まちの嫁ぎ先である戸塚へ衣類や古金銀を運んでいる。さらに翌十九日には、生麦村の内陸部に当たる岸の善右衛門家から、新築したままでまだ引っ越ししていない家を一軒借り受けて、ここに箪笥《たんす》長持《ながもち》や米穀を送る一方、万一の危険を考慮して東右衛門の母親とくを疎開《そかい》させた。ただその日の夕刻には、「来る廿四日異舟打払い一条、ひと先ず御見合せに相成り候」との御触書《おふれがき》を村人一同に申し渡したとの記事もあり、一応パニック状態は過ぎたのではなかろうか。しかし二十一日には「未だ所々不穏に候」ということで、前々日に行かれなかった千恵も岸の借家へ居を移している。翌月四月三日になって、ようやく東右衛門が「少し落着き静かに候間、預け置き候衣類見分、引取り候積もり」ということで岸へ出向いている。同月十一日に「此程中より少々静かに相成り候に付、母(とく)・伯母(千恵)共今日帰宅、荷物の儀は長持ち二つ、たんす二つ、用たんす預け置き候」とあって荷物を置いたまま千恵たちも戻って来たことがわかる〔十五巻、五七頁〕。

生麦村で生起した薩摩藩士によるイギリス人の殺傷事件は、開港後順調に展開したかに見えた対外関係を一挙に一触即発の危機におとしいれ、庶民の生活をも危険の淵に巻き込んでいった事件であった。異人の砲撃を避けて疎開するという戦乱の匂いを肌で感じた一カ月は、千恵の長い人生のなかでも特別な体験であったといえよう。

第五章　財布と資産

1　金銭支出

　この章では、千恵の活発な行動を支える経済基盤について検討したい。ただ、はじめに断っておかねばならないが、『関口日記』は千恵の財布の中身について詳しい情報を提供してくれない。とくに千恵の大奥《おおおく》奉公中の給金については知る手掛かりがないので、村に帰ったときにどれだけの金銭を懐にしていたのか判断がつかないし、また後に請われて江戸城へ上がったときに、どれほどの手当が出たのかも知ることができないのである。この点を前提にして、関口家に残る史料からできる限り千恵の経済活動と財産について明らかにしてみたい。

　千恵が帰村した天保十(一八三九)年以降の日記の記事のなかから、千恵に関連して金銭を支出したと考えられる項目を抽出して表13を作成した。この表は、あくまでも関口家の側から見た千恵の経済

年　月　日	記　　　事
安政3(1856) 3 .24	池上参詣，その・ぎん同道，其節千恵預り之内金2分小遣相渡申候
文久3(1863) 3 .	千恵から5両1分預かる，小判2枚，両替し6両3分預かる
元治1(1864) 3 .	小判1枚，両替3両1分2朱，内1両預かる，2両1分1朱千恵へ渡す
慶応1(1865) 4 .26	小銀玉130匁3分，両替金1分1朱ト243文，内1分医師支払い，残り千恵へ渡す
6 .29	4両，千恵遣う

活動にすぎないが、まずここから知られることを整理してみよう。

千恵が宿下《やどさ》がりするとすぐに、母伊恵《いえ》とともに御礼参りとして江戸の各所を廻っているが、このときに要した経費一四両余は、おそらく父親の財布から出たものであろう〔天保十年十月三日〕。その後、千恵はしばしば出府《しゅっぷ》しているが、その都度、一両三分〔十一年四月二十九日〕、二両余〔同年五月二十五日〕、三両余〔同年十二月十日〕、二両一分二朱余〔十二年四月三日〕とまとまった小遣いを父親からもらっている。このうち天保十一年五月二十五日の記事には「お千恵、国次郎供に連、西御丸へ上ル（中略）一金弐両ト銭八百文　出府ニ付、同人所持之預り出遣ス」〔九巻、二五頁〕と記されているが、これは父藤右衛門《とうえもん》が、前もって預かっていた千恵の財産のうちから、出府する際に二両余の小遣いを与えたと解釈できよう。その年二月二十九日の「相求メ申候代ハお千恵方入用ニテ払候」という記事からもまた、千恵の財布が父親の手元にあるように読めるのである。

しかしこのような関係は長くは続かなかった。天保十二年八月に千恵が二の丸に行くときには、父親は荷持ちの亀五郎に買い物代を渡す

表13　千恵関係の支出(天保10〈1839〉年以降)

年　月　日	記　　　事
天保10(1839)10. 3	伊恵・千恵御礼に上りニ付出府，一金14両也，旦那様初其外共所々より餞別貰候衆へ赤飯煮染煮魚等土産ニ差上候凡入用
天保11(1840) 2 .29	若菜屋ニテ煎餅相求申候，代ハ千恵方入用ニテ払候，大箱代１朱，小箱代２つ500文
4 .29	千恵出府，一金１両也，雑用ニ持参致し候，一金３分也，紋紗綾払物有之候ハヽ求候手当ニ持参
5 .16	千恵帰ル，供ノ者へ千恵より２朱遣シ，伊恵より小遣200文遣ス
5 .25	千恵西丸へ上ル，一金２両ト銭800文，出府ニ付同人所持之預り遣ス
12.10	千恵西丸へ上ル，一金３両也，諸買物入用持参，一１貫文，小遣手当
天保12(1841) 4 . 3	千恵西丸へ上ル，一金２両１分２朱・銭１貫文，出府小遣並用心入用
8 . 3	千恵二の丸出府，亀五郎荷持，一１貫200文，諸買物代亀五郎渡ス，一400文，亀五郎止宿銭・帰り小遣共，是ハ千恵方より出ス
8 .28	二の丸より千恵昨日馬喰町へ下り，今日荷持つれ帰村，２朱賃銀払
11. 6	千恵神奈川より帰る，送り男へ酒代100文遣ス
天保13(1842) 2 .25	二の丸の使長次へ紙並真綿代金２分２朱久尾殿へ払済，使へ小遣200文
5 . 3	二の丸より千恵病気尋ねの使来る，茶代100文遣ス
天保14(1843) 3 .22	西丸より千恵へ用向ニテ使来ル，小遣200文遣ス
4 . 4	千恵馬喰町出立，荷持つれ夕方帰ル，小遣200文持タセ江戸へ帰ス
4 .15	千恵神奈川行ク，供久左衛門，賃銭100文隠居所より遣ス
弘化２(1845) 3 . 6	十左衛門，千恵の金５両(中野石翁の遺物)を借用
12.29	十左衛門借金元金・利子25匁共返済，母へ渡ス
弘化３(1846) 4 .14	824文，千恵江戸行の節，小遣銭出ス
5 .17	千恵今夕帰リ馬喰町より送り，賃銭900文
弘化４(1847) 3 .30	千恵江戸行頼，同人渡ス，100文髪附求候代，200文葛粉代，紅白粉代
嘉永５(1852) 3 .27	鶴見下駄七，千恵方返金持参
12.10	鶴見村下駄屋七郎左衛門，例年の茄子苗仕立入用のため千恵より６両借用，内３両藤右衛門より立替
嘉永６(1853) 3 .30	七郎左衛門借金返済

だけで、「一、四百文　亀五郎止宿銭、帰リ小遣共、是ハちゑ方より出ス」（九巻、一六六頁）とあって、千恵にまとまった小遣いを手渡すことはしていない。その後十数回続く千恵の出府を見ても、日記のなかで金銭を渡されることは一回もなく、千恵の金銭管理（財布のあり方）に変化が生じたことを示している。千恵は自分の財布で金銭の出納《すいとう》を行うようになり、関口家の日記でその内訳を知ることができなくなった。例外として千恵が出府や帰村の際に、供の者に一〇〇文、二〇〇文の小遣いを与えたり、あるいは江戸から千恵に届け物をするための使者に同じく少額の金銭を与えることはあった。また弘化三（一八四六）年に千恵が馬喰町《ばくろちょう》から帰村した際、九〇〇文の賃銭を支払う例があるが（五月十七日）、これらは供の者の雇い賃を親が支払ってやったものであろう。これらの支出も記帳されている回数から考えて、千恵の外出すべてにわたるものではない。ふだんは千恵が支払っていたが、たまたま親の財布から支払った場合がここに記帳されている、と考えたほうが自然であろう。

2　貸付金

次に千恵の関わった貸付金について検討する。まず、千恵がまだ江戸城に奉公中の天保九年十二月二十五日には「松坂久次郎殿来ル、醤油ノ味壱重持参、其序《そのついで》貸金お千恵分弐拾両之利、金弐両受取申候」（八巻、三三二頁）とあって、久次郎が千恵から二〇両余という大金を借りており、その利子分として金二両を持参したことが判明する。

弘化二年の日記に付属した金銭出納帳によると、次のような証文の写しが記されている。

覚

一、金五両也

右は、拠《よんどころ》なく要用ニ付、慥《たしか》ニ請取借用申処実正也、返済之儀は、

当十二月迄、元利共返済申すべく候、以上

弘化二巳年三月六日　　十左衛門 ㊞

（十巻、二一〇頁）

そして「是は、お千恵、御隠居様より遣物《つかわしもの》ニ金五両並袷小袖《あわせこそで》重附壱つ下し置かれ候金ニ御座候、石翁様御譲金也」という注釈が加えられている。これより先、天保十一年七月に、千恵は中野清茂の屋敷に呼ばれ、箱根に行く途次に生麦《なまむぎ》村で接待を受けたことに謝意を示されていたが（九巻、三六頁）、この折に金五両と衣類を下賜されたものであろう。千恵は、弘化元年十二月に出府し、帰村したのは二年五月であるから、この借金証文が書かれたとき千恵は関口の家にいない。親が遺金を預かったまま、それを他人に借したことを示している。この借金は期日通りに同年十二月二十九日に利子二五匁をつけて返済され（十カ月で五両に対し銀二五匁の利子は、年一割の利子に相当）、元利はただちに母（伊

恵）に渡されたとあって、留守中の千恵の財布は彼女の母親が管理していたとみることができよう。

また嘉永五（一八五二）年十二月十日の金銭出納帳に、金六両を鶴見村の下駄屋《げたや》七郎左衛門に貸したケースがある。これには「例年茄子《なす》苗仕立入用お千恵方より貸遣し候金子之所、同人より三両貸、内金三両我等より立替貸ス」と注記されている〔十二巻、三五九頁〕。七郎左衛門は、毎年茄子苗の仕入れ金を千恵から借用していたが、このときは千恵が三両、残り半分を東作《とうさく》（享二《きょうじ》）が立て替えたというのである。ちなみに、このとき千恵は病気で臥せっているので、たまたま東作が対応したのであろうか。翌年四月には苗を売り払いしだい返済するともいっている。

日記で確認できる千恵の貸付はこの三例だけであるが、いずれも少額の時貸しではなく、事業資金として五〜二〇両余のまとまった貸付である点は注目される。はじめは「お千恵分」の金銭を親の裁量で短期の事業資金の貸付に回していたが、やがて下駄屋の例にみられるように自分の裁量で貸し付けるようになっていた。日記を見る限り、千恵の財産を父藤右衛門が営む手広い金融の貸付資金のなかに流用させることはなかったようである。

以上、『関口日記』のなかから、千恵の財布と金銭出納に関する記述を探ってみた。ここでみた父親からの金銭補助は千恵の生活と活動の一部でしかなく、少なくとも天保十二年以降は、江戸出府に伴う支出や、地域の人びとへの短期の資金融通など、基本的に千恵自身が金銭管理を行っていたと考えられる。

次に、父から千恵への譲《ゆず》り地《ち》について検討したい。

3　譲地証書

関口家文書のなかには、父藤右衛門から千恵宛に発行された「譲地証書」(天保十二年十月)が残されている。また同じ時期に作成された「隠居地所書分帳」(天保十二年十月)と「譲地証書」(可吉《かきち》宛、天保十四年十月)という文書もあるので、これらを参考にしながら千恵宛の「譲地証書」の意味するところを探ってみたい。

はじめに関口家の保有している田畑、屋敷地を確認しておこう。文政十三(一八三〇)年のデータによると、関口家は田地が三町五反余、畑地が一町八反余、屋敷五筆、反別合計で五町三反余、石高《こくだか》で四〇石余に達していた(序章2節)。

まず天保十二年十月に作成された「隠居地所書分帳」という史料から見ていくことにしよう。この帳面の表紙には、

天保九戌年、倅《せがれ》東作へ家督相渡、勝手《かって》次第《しだい》賄《まかない》取るべき段申渡

隠居地所書分帳

右之内死後ニ至候はば、可吉並千恵両人へ譲り申すべき分記置候
梧桐庵《ごとうあん》老人

とある。これによると、梧桐庵こと藤右衛門は、天保九年に家督を長男東作へ譲り、すべてを彼の自由裁量に任せるよう申し渡したという（ただし同年の日記を見ても、このような家の大事を示すことは記されていない）。この史料によれば、藤右衛門は七十五歳のときに、三十七歳の長男東作に家督を譲ったのである。そのときに隠居分として藤右衛門が保持した分が「隠居地所」であろうが、ここではそのうちから、藤右衛門死後に、次男可吉と次女千恵の両人に譲るべき分を書き出したというのである。

表紙を開けると最初に「可吉へ譲り申すべき分、左之通分ケ置《わけおき》候ニ付、大黒屋家督引請候節も、田畑共諸役入用《にゅうよう》賄候残、浮徳《ふとく》之分同人へ差遣シ申すべく候、勿論《もちろん》地所世話之儀は当家相続人引請、取計申すべく候事」と記されている。次男可吉へ譲る分については、可吉が婿入り先の神奈川宿大黒屋の家督を相続した後であっても、土地の収穫からその土地にかかる年貢諸役を差し引いて残りの浮徳を可吉に渡すこと、田畑の世話は当家の相続人（東作）が引き受けるとしている。

次に隠居地所として、田地五筆、畑地五筆、山二筆を書き上げ（一六四ページ表14）、末尾には「右之通、父藤右衛門存生中分ケ置候上は、後年ニ至違乱仕間敷《まじく》候」とあって、天保十二年十月付で父藤右衛門と相続人である長男の東作、そして親類（関口本家）の与次右衛門の三人が署名押印して、これを可吉と千恵を宛先にした文書にしているのである。

この証書によれば、隠居地を譲るといいながらも、該当する土地の浮徳のみを譲る約束であるから、関口家の土地が移動することはないのである。また、他家に婿入りした次男に譲っているのは異例であり、可吉へ譲る分の証書の宛先に本人の可吉とともに、次女千恵を並べている点でも異例といえよう。そのゆえか、この譲り状は二年後の天保十四年十月に改定されている。天保十二年の譲り状と比べて、対象となる田畑の書上げと、浮徳を渡すという点には変わりはないが、このほかに、「世話之儀は当家相続人引請け取計い申すべく候、世話料の儀は毎年金壱分宛、可吉方より請取り申すべく候」「居山《いやま》之儀は建木多分にこれあるに付き、入用之節は相談之上双方にて遣い申すべし、勝手我儘《わがまま》に伐取り申す間敷く候」とあって、①当該地所の世話料として可吉から毎年金一分を東作に差し出すこと、②居山の樹木の利用は双方相談のうえで行い勝手に伐採してはいけない、という条項を加えている。証書の宛先も可吉一人になっており、浮徳譲渡の条件を整備するとともに、証書の形式も整えられた。

さて次に、右と同じ天保十二年十月の日付で作成された千恵宛の「譲地証書」について、その全文を掲げておこう。

（表紙）
「天保十二丑年十月
譲地証書　　　　」

●お千恵 養手当《やしないてあて》田畑、左之通分ケ置候間浮徳同人生涯相渡すべく候、
死後ニ到候はば家督相続へ戻さるべく候事

明神《みょうじん》前庄助前
中田 六畝拾五歩　先地主 仁左衛門
此預ケ口 弐俵代
岸前中道より二枚目山ノ方
中田 壱反弐畝廿歩　同 伝七
此預ケ口 三俵三斗也
田合 壱反九畝五歩　此取米打減米共七斗四升弐合程
高合 壱石九斗壱升七合　外納入用給米共五升程、七斗九升程
貝助山下
上畑 四畝廿弐歩
同所続
中畑 弐反弐畝弐拾歩
同所双
下畑 拾七歩

此　訳

上畑　弐畝六歩
中畑　六畝廿三歩
中畑七畝廿八之内
中畑　弐畝廿四歩
中畑　四畝廿四歩
中畑三畝五歩之内
中畑　弐畝八歩
中畑七畝廿八歩之内
中畑　三畝廿弐歩
上畑　弐畝拾六歩
中畑三畝五歩之内
中畑　弐拾七歩
中畑七畝廿八之内
中畑　壱畝拾弐歩
下畑　拾七歩

文政八酉年　伝七より此方へ渡ル

此三筆、享和元酉年
八郎右衛門より此方へ渡ル

此四筆、文政九寅年
喜兵衛より此方へ渡ル

畑合　弐反七畝廿九歩　　預ケ口合　銀百拾壱匁　藤四郎　一所
高合　弐石三升弐合　　外拾五匁三分　勘左衛門　同
金弐両壱朱　重内　同
弐匁五分五厘　七之介　二所
久左衛門　一所

田畑二口合　高三石九斗四升九合
上畑合　四畝廿弐歩　　高四斗弐升六合
此取永　七拾弐文　口永共
中畑合　弐反弐畝廿歩　　高壱石五斗五升四合
此取永　三百拾弐文　口永共
下畑　拾七歩　　高弐升三合
此取永　六文
三口永　三百九拾文　外諸掛り
此鐚《びた》　弐貫七百三拾文

右の通千恵老衰に及び候て、奉公等相勤《あいつと》めざる節は兄弟共世話ニ相成べく候間、養い方手当として分け置き候、然《しかる》上は後年ニ至違論これなき様印形《いんぎょう》致し置き候処、件《くだん》の如《ごと》し

天保十二丑年十月

手当譲人　実父　藤右衛門　印
家督相続人　弟　東作　印
親類　与次右衛門印

●お知恵

まず、右の史料の後書きから、千恵宛の「譲地証書」が作成された事情を確認しておきたい。「千恵、老衰に及び候て、奉公等相勤めざる節は、兄弟共世話に相成るべく候間、養い方手当として分け置き候」、つまり千恵に奉公収入などがなくなって兄弟(東作・可吉)の世話になるようなときの扶養手当の分として耕地を書き上げたものである。天保十二年は彼女が江戸城から帰って来て二年目に当たる。そして前述のごとく、その前年には、江戸のれんが持って来た二百俵取りの旗本《はたもと》山本昌介との縁談を、父親の勧めにもかかわらず千恵は断って、一生独身の決意を示していた。このとき千恵は四十五歳、年老いた父親としては娘の将来を心配して、自分の隠居分の土地の一部を譲ることにしたものと考えられる。

千恵宛「譲地証書」の内容を整理検討するならば、次の諸点を読み取ることができよう。

(1)　千恵に譲られた土地は、田地二筆、一反九畝余、畑地一〇筆、二反八畝、計四反七畝ほどの土地である(表14)。

表14　可吉と千恵への譲り地一覧(天保12〈1841〉年10月)

地　種(筆数)	反畝歩	分米(石)	預け口(小作料)
〔可吉分〕			
田(上田1筆，中4筆)	3反0畝20歩	3石2斗3升3合	9俵
畑(上畑1筆，中4筆)	3反6畝21歩	2石6斗7升1合	銀147匁
田畑合	6反7畝11歩	5石9斗0升4合	
居山(2筆)	2反8畝28歩		
〔千恵分〕			
田(中田2筆)	1反9畝05歩	1石9斗1升7合	5俵3斗
畑(上2,中7,下1筆)	2反7畝29歩	2石0斗3升2合	銀111匁
田畑合	4反7畝04歩	3石9斗4升9合	

出典　「隠居地所書分帳」「譲地証書」より作成。

表15　千恵，譲り地の預け口と浮徳

譲り地	反畝歩	高(石)	預け口(A)	諸掛かり(B)	(B/A)
田地	1反9畝05歩	1石9斗1升7合	5俵3斗(2石3斗)	7斗9升	34.3%
畑地	2反7畝29歩	3石9斗4升9合	2両1朱ト銀2.55匁(永2貫105文)	永390文	18.5%

(2)「譲地」の内容は、浮徳を千恵に与えるというもので、可吉への「証書」を参考にすれば、土地を小作に出して上がる小作料から、その土地にかかる年貢諸役を差し引いた残りが浮徳であって、土地の管理は家督相続人つまり東作が行う。「譲地証書」にもかかわらず、おそらく土地の名義は千恵に移動することはなかった。事実、千恵が亡くなる前年に作成された元治元年「当家持地所筆限小拾幷米永納辻控」(関口家文書)にも、父親が千恵に譲ったはずの土地はすべて関口家当主の保有地として記帳されている。

(3) 千恵の死後は、土地を「家督相続」した東作へ戻すことを前提としたもの、つまり千恵が生きている間の「譲地」であって、いわゆる一期分の譲り地である。

千恵は「譲地証書」の結果、浮徳の収入によって経済的な保証を生涯得ることになった。実際には、いかほどの収入になったかを算定してみたいと思う(表15)。まず、田地については、中田二筆、地字と反別、預け口(小作料)、先地主名が明らかにされている。日記には、小作地と小作料収取についての記録を残しているが、上記のうち「中田　六畝拾五歩　先地主　仁左衛門　此預口弐俵代」という譲り地は、天保十三年における「田方預ケ口」欄(九巻、三三九頁)にある「定弐俵也　仁左衛門／◯壱俵　十一月廿日取／す壱俵　同断取」という項目に対応していよう。もう一筆の田地と畑地については、明瞭な対応を確認することができなかったが、当然関口家の小作地に含まれていることは疑いない。

田地一反九畝五歩の預け口(契約小作料)は五俵三斗、一俵四斗詰めとしておよそ二石三斗が期待される。これに対して年貢等の諸経費を次のように算出している。田地の高は一石九斗一升七合、この「取米打減米共七斗四升二合程」と計算し、さらに「外納入用給米共五升程」を加えた七斗九升とし ている。この掛かり米の預け口に対する比率は約三四・三%に当たる。千恵の手元に入るのは、預け口の六五・七%という計算になる。

畑地についても同様な計算をしておこう。畑地二反七畝二九歩の預け口は「銀百拾壱匁　外拾五匁三分」とあり、これを金に換算すれば「金弐両壱朱卜弐匁五分五厘」に当たる。これを比較の関係上、金一両を永一貫とする永高に直しておけば、永二貫一〇五文となる。この畑地に対する諸掛かりは、畑高二石三合に対して年貢・口永などで永三九〇文としている。預け口に対する諸掛かりの比率は、一八・五％であった。千恵の取り分は八一・五％となり、田地よりも割りがよいことになる。預け口に対する千恵の取り分は、田地でおよそ三分の二、畑地は八割ということになる。

これを元にしておおよその試算をすれば、田地の預け口については、米一石を約一両として金二・三両、その三分の二は約一・五両と計算できる。また畑地については、預け口二・一〇五両、その八掛けで約一・七両、合計年間ほぼ三両強というのがここで得られた数値であった。年間三両という収入は、江戸との間を往復する生活には足りないであろうが、村に住んで質素な生活を営んでいる限りにおいて十分に足りる金額であって、千恵はこれによって経済的な心配をする必要はなくなったといえよう。

ただ日記で見る限りは、東作家の小作収入を千恵の財布に移行させたことを示す記事を見つけることができなかった。「老衰に及ばない」うちはまだ手当を支給していなかったのかもしれず、後考に俟《ま》ちたい。

考えてみれば、可吉は商家の跡継ぎであるから経済的援助は必要なく、先の可吉宛の証書の趣旨も、実は千恵の老後の面倒を頼む目的で譲り地を与えたとも解釈できる。また、後年、日記の慶応元（一八六五）年四月八日には、鶴見村の六郎右衛門方に下畑二筆、九畝一八歩の土地を千恵の手当分として預けてあることを示す記事が見える。千恵の姉しげの嫁ぎ先である六郎右衛門家は、千恵がよく立ち寄る家で、姉が亡くなったあとも千恵がよく行き来した家であった。千恵の老後の保証として、神奈川宿の大黒屋と鶴見村の六郎右衛門家という特に親しい家に養育料に当たる相応の浮徳金が回るように、関口家は周到な手配をしていたのではなかろうか。

4 預け金と遺金

千恵は、江戸城奉公による賃金など多額な金銭を所有し、年に数回は江戸との間を往復することを考えれば、所持金の一部を関口家の家族に預けていたとみてよいだろう。これまでも断片的な日記の記事から、預かり金の存在が知られてはいたが、その内容を明らかにするまでにいたっていなかった。日記の文久三（一八六三）年分の末尾に「伯母預り金控」と表記したメモが付されている（十五巻、二〇四頁）。これは、当主である東右衛門が、伯母千恵から預かった金銀の高を記したもので、文久三年から千恵の死後である慶応二（一八六六）年までの間に関口家が把握した千恵の財産のありようを簡潔に示している。この史料を紹介しながら千恵の動産について検討していきたい。このメモは、千恵の金が預けられた時点によって四つの部分に分かれているので、これを順々に見ていくこととしたい。まずはじめは、次のように記されている。

(1)亥(文久三年)三月

金五両壱分也

内　二分金　壱両

一分銀　三両三分

一朱銀　弐分

内四両、丑(慶応元)六月廿九日出し遣ひ居る

小判弐枚此分両替致し預り置く

此金六両三分也

文久三年三月は、前章で見たように生麦事件の後、イギリスによる江戸湾砲撃の危機から、一斉に疎開《そかい》を始めたときであり、おそらく千恵が、疎開に際し所持金の一部を甥の東右衛門に預けたときの記録であろう。「二分金」「一分銀」「一朱銀」はそれぞれ貨幣の種類であり、その合計が五両一分であったことを示している。またこのほかに小判二枚を預かった。これについてはすぐに使えるように両替えしたところ六両三分になったと記している。

その後慶応元(一八六五)年六月には、「一分銀」「一朱銀」のうちから四両を出して使ったといっている。この月には、千恵の最後の外出で、慶岸寺《けいがんじ》の宝物拝見に出かけている。この催しに関連して支

出されたものであろうか。

(2)子(元治元年)三月

小判一枚、当方にて取替え、三両一分二朱遣す

内、壱両は預り、跡江戸行きの砌《みぎり》、渡す

右、三口〆金拾三両也　内金弐両一分一朱

追々銭にて相渡し候分

外、小銀玉目方百三拾匁三分

此分、丑(慶応元)四月廿六日清蔵頼み竹原《たけはら》にて引替え

金壱分壱朱ト弐百四十三文

此分、壱分ハ小嶋薬礼ニ遣し、残りの分相渡し申候事

元治元(一八六四)年三月は、千恵が最後に出府したときであった。千恵は小判一両を取り出して両替を求めたので、東作は三両一分二朱に換算して、このうち一両を預かって、残り二両一分二朱は江戸へ出かけるときに千恵に渡したという。

ここで預かり金の精算を行っており、このとき預かっている分を集計すると、文久三年の分が貨幣五両一分と小判六両三分合わせて一二両、元治元年の分は一両で、合計一三両となるというのである。そこから二両一分一朱に相当する分は、銭に換えて順次千恵に渡したといっている。

このほか、小銀玉（豆板銀《まめいたぎん》のこと。小形の粒状の秤量《ひょうりょう》貨幣、小玉銀ともいう）が一三〇匁三分あり、これを慶応元年四月に戸塚の清蔵（まちの夫か）を通じて両替えしたところ、金一分一朱卜銭二四三文になった。このうち一分はかかりつけの小嶋医師へ薬礼として支払い、残りは千恵に渡したといっている。

(3)丑（慶応元年）

九月出
保小判　壱枚
弐朱金　弐両壱分
弐分判　壱ツ
壱朱銀　弐朱
〆小判壱枚
金弐両三分弐朱

同
弐分判　弐ツ
壱朱□（銀カ）　弐分
文壱分金　壱ツ
〆文壱分判壱ツ
金壱両弐分

慶応元年九月は、千恵が亡くなったときである。死去してすぐに千恵の身辺から出てきた金貨を整理したものであろう。二カ所から出てきたものか、二回に集計がなされている。小判を前と同じに三両一分二朱として計算すると、死の床から見つかった貨幣は、一回目が六両一分、二回目が一両三分で、合計するとちょうど八両と算定される。

(4)寅(慶応二年)

三月廿四日　白麻地《しろあさじ》の中に封これあり候

新弐朱金　弐両壱分
同弐分判　壱ツ
同一分銀　壱ツ
〆金三両　出る

これは千恵の死後約半年を経て彼女の荷物を整理していたら、「白麻地」で包まれた荷物のなかに封をした袋が現れ、新金の貨幣で合計三両も出てきたというのである。

以上、文久三年以降のやや複雑な貨幣の出入りを整理したのが表16・表17である。これによると千恵の生前最後の二年間で小判、金貨など合わせて金一五両二分余の貨幣を東作に預けている。この預け金の大半は、両替などを経て、千恵の手元にふたたび戻っているようにも思われるが確実なことはわからない。また死後二度にわたって発見された千恵の遺金は合計一一両に及んでいたことが判明する。千恵は晩年になっても預金、遺金のうち小判を四枚(一三両二分相当)所持していたのは興味深く、大奥での報酬が小判で支給されたものなのであろうか。

表16　千恵の預け金

年　月	貨幣の種類と数量	金　　額	千恵へ戻した分
文久3.3 (1863)	2分金×2 1分銀×15 1朱金×8 小判×2	1両 3両3分 2分 6両3分	4両
	小計	12両	
元治1.3 (1864) 慶応1.4 (1865)	小判×1 小銀玉130匁3分	3両1分2朱 1分1朱ト243文	2両1分2朱 (薬礼　1分)
	小計	3両2分2朱ト243文	
	合計	15両2分2朱ト243文	

表17　千恵の遺金

年　月	貨幣の種類と数量	金　　額
慶応1.9 (1865) (A)	小判×1 2朱金×18 2分判×1 1朱銀×2	3両1分2朱 2両1分 2分 2朱
	小計	6両1分
慶応1.9 (1865) (B)	2分判×2 1朱銀×8 1分金×1	1両 2分 1分
	小計	1両3分
慶応2.3 (1866)	2朱金×18 2分判×1 1分銀×1	2両1分 2分 1分
	小計	3両
	総計	11両

第六章　千恵の最期

1　晩年

千恵は、生麦村《なまむぎ》で亡くなった。関口家では彼女の葬儀を盛大に挙行し、一連の法要の儀礼も行っている。これらの儀礼は克明に記録されているので、幕末の庶民の葬式と法要の実態を知るうえからもこの記録を追いかけてみることとする。棺《ひつぎ》の蓋を閉じてからその人物の評価が決まるものであるとすれば、葬式の次第もまた千恵を知る一つの手掛かりとなるに違いない。日記のページを千恵が亡くなる一年前に戻すことにしよう。

元治元(一八六四)年に千恵は最後の江戸行きを果たし、やや身体の調子をくずしながらも六月には無事帰村したことはすでに述べた。その年の秋には「先日中より伯母(千恵)少々不快に付き、北おその来り世話いたし候」(十月二十一日、十五巻、二四一頁)とあり、体調がよくないので、そのに来てもらって看護を頼んだというのである。このころ鶴見では姉しげの十七回忌の法要（九月六日）が、生麦村では父親藤右衛門《とうえもん》の十七回忌と弟東作の三回忌を兼ねた法要（十一月二日）がそれぞれ営まれているが千恵はどちらにも出席していない。年が明けて元治二（一八六五）年、前年から何となく調子がすぐれないのであろうか、正月十七日には「先日中より風邪にて持病に相臥し」（十五巻、三五三頁）ており、そのに三日ほど来てもらっている。同月三十日には、神奈川紀伊国屋《きのくにや》の当主が川崎大師《かわさきだいし》参詣の途中に千恵の見舞いに立ち寄って羊羹《ようかん》を届けている。

陽気がよくなると千恵の身体も立ち直り、この年四月に慶応と改元したが、その六月二十一日には村の慶岸寺《けいがんじ》において勧化《かんげ》のため高野山無量光院《むりょうこういん》の宝物がご開帳となったので、東右衛門の妻たえと一緒に拝観に赴いている（十五巻、三八〇頁）。ついで八月四日には、神奈川宿の大黒屋《だいこくや》へ出かけ三日間逗留《とうりゅう》して、迎えの子蔵と一緒に帰っている。このように、この夏の千恵は珍しく近所への外出を繰り返し体調も回復したようにみえた。

ところが、九月八日、千恵はまた「少々不快」を訴え、末吉屋の老母が前日から泊まっている。末吉屋老母は、先年東作が病床にあったときにも、女中がいない間十数日手伝いに来ていたことがある女性であった。翌九日の記事は「四、五日前より伯母時候当りの様子に候に付き、小嶋相頼みに遣し候」とあって、数日前から調子がよくなかったので、小嶋医師に改めて診療を依頼していることがわかる。十日にも小嶋が診療にやって来て、「指《さ》したる儀もこれあらず候」という見立てであったが、その後急に様態が変わり、「俄《にわか》に痙《ひきつけ》、差し発し」て「夕酉下《とりのげ》刻《こく》、養生叶わず死去いたし候」と記している〔十五巻、三九〇頁〕。平静に見えたが、突然痙攣(ひきつけ)を起こし、夜の七時ごろに息を引き取ったのである。享年六十九。千恵は、寿命の尽きるまで江戸を往復したり村の内外を健脚で歩き回り、わずか二、三日床についたきりで誰にも迷惑をかけることなく大往生を遂げたのであった。

2 葬儀

さて、千恵の死は突然であったから、まず早速に親類筋へ通知しなくてはならなかった。夜のうちに戸塚や神奈川の大黒屋に知らせせると、甥の大黒屋斉三郎は夜中に、戸塚から姪のまちは翌朝駕籠《かご》で乗り付けてやって来た。次の日、朝からまちと大黒屋を交えて葬儀の相談に入り、その結果、十二日は日取りがよくないということで、葬式は九月十三日九つ(正午)からと決定した。十二日には午後から「講中《こうじゅう》」の集まりがあった。講中とは、葬儀の準備から墓掘りまでを請け負う地域の互助集団のことで、江戸近郊のこの辺りでは一般に行われている慣行である。明日からの葬儀の段取りの打ち合わせを兼ねて、関口家で食事を振舞《ふるま》ったものであろうか。

十三日は関口家において、菩提寺である安養寺《あんようじ》の和尚のもとで葬儀が執行された〔十五巻、三九一頁〕。日記には葬儀に参加したメンバーを、当日着用した服装と仕事によって上下着《かみしも》、袴着《はかま》、白無垢《しろむく》、棺持人に分けて記している（表18）。「上下着」は東右衛門、大黒屋、紀伊国屋、鶴見村六郎右衛門などの親類関係の家と、今出屋、すさみ屋、万年屋など村内の親しく交わっていた家の者たち十二人である。「袴着」は関口家の小作人、手伝い人である源助、江戸屋勘次郎ら五人であった。「白無垢之分」は女性陣であり、たえ、まちらの親戚と北その、江戸屋やゑなどの付き合いの深かった人たちを含んでいる。「棺持人」は文字通り棺を担いで運ぶ人足《にんそく》で、亀五郎の倅《せがれ》栄次郎や、秋太郎、菊次郎らこれまで千恵の供をしてきた面々の計四人の名前が上がっている。この日、関口家で葬儀を終えてから、遺体を安養寺まで運んだものと思われる。

葬式には、上記のメンバー以外に香料（香典《こうでん》）を持参して焼香《しょうこう》に参加する者がいたはずである。日記や付属した金銭出納の覚えには葬儀関係の記録がなく、これとは別に、香典帳が作成されていたと考えられるが残っていない。いま日記から、千恵死去の前後において、関口家が他家の葬儀に包んだ香典の金額を抜き出して一覧にしたものが表19である。千恵死去の前後三年間における二十七例を挙げたが、これによれば鶴見村六郎右衛門、神奈川宿紀伊国屋三郎兵衛、馬喰町《ばくろちょう》山口屋藤兵衛など関口家ときわめて近い村外の親類当主の場合は金二分から三分、本家与次右衛門の母・妻、雑穀商の今出屋など関口家と商取引で関係の深い家には金一分、遠州屋、三文字屋、重左衛門らには二朱、以下、講中の付き合いを含めて一般の村人とその家族に対する場合は一〇〇文から二〇〇文というランクが

表18　千恵の葬儀出席者

家・屋号名	出席者・家族関係	初七日	三十五日
〔上　下　着〕			
関　　口	*東右衛門(千恵の甥)，長男英太郎	+	+
神奈川宿大黒屋	*才三郎(千恵の弟の娘婿)	+	+
戸塚宿升屋	*保太郎(姪まちの倅)		+
神奈川宿紀伊国屋	*亦八(千恵の母親の実家・三郎兵衛の婿)	+	+
鶴　見　村	*六郎右衛門(千恵の姉の嫁ぎ先の婿)	+	+
江戸馬喰町山口屋	*代人，新兵衛		
関口本家	*角太郎(与次右衛門倅)	+	+
神奈川遠州屋	(藤兵衛)		+
今　出　屋	(久蔵)孫作次郎	+	+
すさみ屋	(安兵衛)近次郎	+	+
万　年　屋	(八郎右衛門)	+	+
〔袴　　着〕			
鍛　冶　屋	源助(倅達次郎)	+	+
	勘次郎		+
八　木　下	平兵衛	+	+
	(糀屋)庄三郎		+
関　　口	*健次郎(東右衛門次男)		
〔白　無　垢〕			
	*たえ(東右衛門妻)		
	*まち(戸塚升屋，千恵の姪)		
	たつ		
	てつ		
	その(北の太郎兵衛妻か)	+	+
つ　る　み	さく		
浜宿八の字	ゑつ		
江　戸　屋	やゑ(勘四郎・たえの実家？)	+	+
〔棺　持　人〕			
き　　し	佐左衛門	+	+
	栄次郎　亀五郎倅		+
	秋太郎(奉公人か)		
	菊次郎(次郎吉)		+

注　*は関口家の親族。
上記以外の初七日招待客…甚五郎，龍泉(手習師匠)，(桐屋)源四郎
上記以外の三十五日饅頭配布先…茂右衛門，甚五郎，手習師匠，源四郎，惣八，七之助，八の字，孝助。
+は出席。

表19　関口家が差し出した香典一覧

年　月　日	死　没　者	香典	参考
文久 3 (1863) 1 .12	南五郎右衛門	100文	
4 . 9	南重左衛門	2 朱	50疋
4 .27	善右衛門弟	100文	
6 .18	浜十次郎	100文	
8 .15	治郎吉娘	200文	
8 .15	万年屋小児	200文	20疋
8 .24	三文字屋与八	2 朱	
11. 9	安兵衛孫	300文	
12. 7	肴屋角兵衛女房(講中)	100文	
元治 1 (1864) 6 . 8	今出屋政吉	1 分	
6 .12	源九郎方老母	200文	20疋
6 .19	北丁小島将監娘	1 朱	
6 .20	鶴見六郎右衛門	3 分	
7 .30	肴屋角兵衛	100文	
8 . 2	伝七(講中)	1 分	
9 . 6	喜平治厄介伊泉屋女房	200文	20疋
9 .21	藤四郎女房(講中)	100文	10疋
12. 2	本家与次右衛門妻ふみ	1 分	
12. 6	治郎兵衛	100文	
元治 2 (1865) 2 . 4	喜十郎女房	200文	20疋
3 .14	神奈川遠州屋勘六	2 朱	50疋
慶応 1 (1865) 4 .21	北徳次郎女房	200文	
5 .12	甚太郎	200文	
閏 5 . 1	与次右衛門老母	1 分	100疋
6 . 5	紀伊国屋三郎兵衛伯父	2 分	200疋
7 .13	勘左衛門女房	200文	
8 .10	馬喰町山口屋藤兵衛	(2 分)	200疋

注　香典額は，日記本文と金銭出入覚の両方を参考にした。単位が「疋」の場合は参考欄に併記した。

あった。香典の金額というのは、もちろん規則で決まっていたものではないが、地域のなかでは相互に常識的な線が守られていたと考えられ、しかも一般に贈答同額の原理が支配していたから、関口家の不幸にもほぼこの水準で届けられていたとみてよい。いわゆる香典返しの慣行はなく、後日相手の家の葬儀に同額で応対するのが通常の交際であった(大口一九八九)。

初七日の斎《とき》(食事)と法要は、九月十六日に関口家で行われた。この日の料理は、新兵衛に頼むこととし、八百屋物の買い入れを秋太郎が手伝い、当日の勝手働きとして男女二人ずつが手伝っている。食事の招待客が二十二人、本家の与次右衛門、大黒屋、紀伊国屋、六郎右衛門らの親族のほか、近在の人びと、そのほかに講頭のきりや源四郎と、講から穴掘人の二人が呼ばれている。また安養寺の和尚、所化《しょけ》、小僧らも会食している。不参だった六人の分は引膳《ひきぜん》で自宅に届けている。食事のあと安養寺の墓参に参加した者は家族のほか男九人、女五人であった。この日は、「穴掘弐人にていたし候、治郎吉、達次郎」(十五巻、三九二頁)との記述もあるので、遺体は土葬されたことがわかる。先年亡くなった父親や弟の葬儀記録にも墓掘人の注記があり土葬されたと考えられる。穴掘人は講の当番のようなもので特定の家に固定してはいない。なお、この地域では土葬であるが、出府中に死亡するなど特別の場合には、火葬に付したケースもみられる。またこの日、安養寺へ布施《ふせ》として三〇〇疋(金三分)、脇導師《わきどうし》に頼んだ慶岸寺への布施一〇〇疋、所化(修行僧)二人に五〇疋、四十九日忌の回向料《えこう》として五〇疋(金二朱)などのほか、羽二重《はぶたえ》白無垢一尺、棺胴詰晒木綿《さらしもめん》一反、鏡一面を安養寺へ納めている（表20）。
これまで述べてきた千恵の葬儀の規模や格式を知るために、彼女の父・母・弟の葬儀の場合と比較したいと考え、葬儀出席者数、初七日招待客数、布施の金額などいくつかの指標をとって比べた表20を作成した。これを見ると、関口家の当主およびその妻の場合と比べ、ほぼ同格の葬儀・法要が営まれたことが窺えるのである。
九月十九日にまちが神奈川宿経由で戸塚の家に帰ることが決まると、千恵の「歯骨並びに髪の毛」を神奈川の浄瀧寺へ遣わすため、金一〇〇疋の回向料を添えてまちから大黒屋へ手渡してもらう段取りをした、と記されている（十五巻、三九三頁）。浄瀧寺へなぜ分骨するのか不明であるが、あるいは親しかった弟斉三郎（可吉）の墓所があるのかもしれない。「歯骨」とは上下の歯と下顎の歯を支える骨を指すというが、用例などから見ると（『日本国語大辞典』小学館）、遺骨に代わる物として扱うときは歯だけであっても「歯骨」と呼んだようである。
さて二十六日の日記には、千恵と二の丸の久尾《ひさお》との関係を知るうえでまことに興味ある記事がある。
伯母事存生中、申し置き候由ニ付、
二ノ御丸久尾殿へ譲品遣し候分
三ツ組蓋物《ふたもの》壱組

表20　千恵と父・母・弟の葬儀比較

事　　項	父(藤右衛門)	母(伊恵)	弟(東作)	千恵
〔葬儀〕				
葬儀出席者 (上下着)	13人		9人	12人
(袴着)	3人		5人	5人
(白無垢)	11人		8人	8人
(棺持人)	4人		4人	4人
〔初七日〕				
初七日招待客	25人		18人	15人
墓参人			14人	14人
墓掘人	3人		3人	2人
〔布施など〕				
安養寺布施	1両	1両	1両	300疋
慶岸寺布施	1分	1分	1分	100疋
所化	2朱	2朱	2朱	50疋
老婆	200文	400文	200文	200文
四十九日回向料	2朱	2朱	2朱	50疋
色代	300文	300文	300文	300文
他	掛無垢1 棺胴詰晒木綿	白無垢1 鏡1	掛無垢1 棺胴詰布	羽二重白無垢1 鏡1面 棺胴詰晒木綿
〔三十五日盛り物〕				
饅頭誂数	?	450個	400個	380個
届け先	56軒	32軒	27軒	27軒

茶漬茶碗壱ツ
珠数《じゅず》壱　　　　但白木箱入
金三百疋
右之通久尾様へ譲物遣し候様申置候由ニ付、
今朝右箱ニ入、ツルミ六郎右衛門方へ子蔵ニ持たせ山口屋使之者へ相頼
二ノ御丸へ届ケくれ候よう手紙添遣し候
〔十五巻、三九四頁〕

千恵の遺言によって、彼女の持ち物のうちから三つ組の蓋物、茶碗と数珠を久尾へ贈ることになった。千恵がかつて江戸で手に入れて、その後も大切に手元に置いていた品に違いあるまい。これらの品々を二の丸へ届けてもらうように、鶴見六郎右衛門を通じて山口屋に依頼したものである。また翌月七日には、江戸行きの戸塚清蔵（まちの夫）を介して、山口屋に金二分を届け、二の丸久尾に千恵の三十五日忌の盛《も》り物を届けてほしいと依頼している。このように千恵と久尾との生前の交流を踏まえた遺言を、遺族らが大事に守ろうとしている様子が知られるのである。

千恵の三十五日忌には、「今日盛物まんちう（饅頭）所々配ル」（十月十四日、十五巻、三九六頁）とあって、法事には恒例の饅頭を配っている。前もって神奈川の寺尾屋へ注文しておいた小麦饅頭三八〇個を亀五郎が取りに行って、そのまま神奈川通りを順に二十七軒に配っている。饅頭屋への支払いは、

表21　千恵の形見分け

被贈者	遺し物
江戸城　久尾	三ツ組蓋物壱組，茶漬け茶碗壱ツ　但白木箱入，数珠壱，金300疋
八升(まち)	御納戸紋縮緬小袖，嶋縮緬小袖
大黒屋	小紋縮緬紋付替り裏，縮緬茶千筋単物
六郎右衛門	黒七子紋付袷小袖
与次右衛門	玉紬撚り糸入単物
太郎兵衛	羽二重通し小紋小袖，はぎはぎ下着，縮緬はぎはぎ胴着
よね	玉紬藍みぢん袷，ちりめん袖なし
源助	太織藍万筋小袖，茶嶋縮緬半天羽折，縮緬腰巻
亀五郎	木綿白地中形単物
下女　らく	木綿白地中形単物
末吉屋老母	縮緬はぎはぎ袷襦袢，はぎはぎ小幅帯

饅頭一個の単価が銀二分、計銀七六匁、銭に換算して八貫五四八文になっている。なお、盛り物へのお返しとして今出屋久蔵(金五〇疋)、すさみや安兵衛(喜撰〈茶〉小袋入り)、治郎吉(一〇〇文)、茂右衛門(二〇〇文)からそれぞれの品を受け取っている。

この日はまた、近親の人たちへの形見分けが行われた。おもに千恵の持っていた衣類を中心に十人の人たちに分けられている(表21)。親族として戸塚まち(八升)には「御納戸紋縮緬《ちりめん》小袖《こそで》、嶋ちりめん小袖」、大黒屋は「小紋縮緬紋付き替わり裏、縮緬茶千筋単物」の二点、鶴見の六郎右衛門は「黒七子紋付き袷小袖」などを分配されている。ほかに千恵の身の回りを世話していた者への形見分けがある。とくに、「在生中より世話いたし候」源助には小袖、半纏《はんてん》、腰巻が、親子で江戸行きの供をしていた亀五郎には単物《ひとえもの》、下女のらくにも木綿の単物、そして最後の「両三日、夜伽いたし候」末吉屋の老母には襦袢《じゅばん》と帯が分けられた(十五巻、三九七頁〕。

四十九日忌は寺で回向を上げてもらうだけで、特別の催しもなかったが、その年の暮れ十二月十九日には「伯母百ケ日ニ相当り候ニ付、和尚招待、回向」〔十五巻、四〇四頁〕とあって、百カ日には自宅で安養寺の和尚を呼んでお経を上げ、お膳をとっている。この日の金銭覚には「六百文　伯母位牌《いはい》壱つ求」〔十五巻、五〇三頁〕とあるので、位牌を購入して和尚に戒名《かいみょう》・知孝院を付けてもらったのであろう。翌日には、東右衛門の妻たえが千恵の墓に参っているが、その際に回向料として金五〇疋を安養寺へ渡している。

慶応二年九月には「伯母一周忌に付、先日盛物まんちう寺尾屋へ頼」んでおり、代金は一個三分、一三〇個の注文で計銀三九匁になっている。「当節柄に付、少々盛物相配り、客来の処は見合せにいたし候、今夕刻、安養寺和尚相招き回向入斎の積り」〔九月九日、十六巻、三二一頁〕とあって、とくに客を招くことはしなかったが、関口家の屋敷に和尚を招いて回向と斎を行い、饅頭を親戚八軒と寺に届けている。このうち内山仁右衛門（金五〇疋）、大黒屋才三郎（金五〇疋）、源助（二〇〇文）、与次右衛門（四〇〇文）、同隠居（金一朱）、太郎兵衛（金一朱）、亀五郎（二〇〇文）から仏前へ供物があった。翌十日は墓参の予定が雨天のために十一日に延期して、まち（姪）、たえ（弟嫁）、北そのたち女連中が子供を連れて安養寺に参った。知孝院の回向料として金一〇〇疋、ほかに親戚が二〇〇文宛を納めた。また、翌年の三回忌には母親伊恵の七回忌法要を兼ねて、饅頭を配るとともに親戚と関係者十人ほど招いて会食し、寺に回向を頼んでいる（慶応三年九月二日〜四日、十六巻、一九〇頁）。その後も千恵は、関口家とその周囲の人たちから忘れられることなく、回忌供養を受けているのである。

3 村の「御殿伯母」

千恵の動向を知らせてくれる『関口日記』の記事は、当主であった藤右衛門（千恵の父親）、東作（弟）、東右衛門（甥）が順送りに記帳してきたものであった。千恵の誕生から大奥《おおおく》勤めのころまでは藤右衛門が書き、東作ははじめ父親と交互に記帳し、やがて一人で書くようになった。彼らは当然のことながら千恵のことを日記にも「千恵」（あるいは「智恵」）と書き記していた。東右衛門が日記を書くようになったのは文久元年七月が初めてだったという（十四巻、例言）。東作に代わって一月ほど書いているが、その後彼が西国に参詣旅行したこともあって、また東作に筆が戻っている。翌二年東作が病床についてからは東右衛門が責任をもって記帳することになった。甥の東右衛門が初めて千恵のことを日記に記したのは、東作の急病を江戸の千恵に知らせて呼び戻したときであり、「御殿《ごてん》伯母《おば》当春中より御殿へ上り居るニ付」と書いている（文久二年七月五日、十五巻、四頁）。大奥に通う六十六歳の千恵は、三十歳の若い跡継ぎ東右衛門にとってつねに「御殿伯母」であった。この呼称は、老いても

関口藤右衛門・伊恵の墓（右）
千恵の戒名が彫られている左側面（左）
横浜市鶴見区安養寺

江戸城大奥に通い老女久尾と親しくしていた千恵にふさわしく、村に帰っても言葉遣いや身だしなみなど奥女中としての矜持《きょうじ》をもって生涯を送ったであろう千恵の姿を髣髴《ほうふつ》とさせてくれる。

しかし、それでいて決して村人たちから敬遠されたふうではなく、葬儀の様子などを見ても親族と地域の人びとから広く惜しまれて亡くなったように感じられる。葬儀の規模や列席者の顔ぶれが彼女の母親や、当主を勤めた弟（東作）の場合とほとんど変わらなかったということは、千恵がいわゆる出戻りであっても、関口家の一員として近隣からも認められていたことを示している。会葬者のほとんどは母や弟の葬儀と共通であるが、ただ初七日に招いた人物の一人「龍泉手習師匠」だけは、これまでも関口家と特に交際がなく、父母や弟の葬儀にも名を残していないので、千恵の個人的な交友の一人であろう。あるいは千恵が、龍泉寺の寺子屋を手伝い、仮名《かな》文字や和歌の師匠をしていたことによる知り合いかもしれない。家の日記という枠のなかでは見えてこなかったが、千恵は江戸で身につけた教養・文化を、彼女なりに地域のなかでも生かした活動をしていたのではあるまいか。何らかの地域社会への貢献が、地域の人びととの浅からぬ交流を生み出したと考えておきたい。

いまも、安養寺の墓地を訪れると、関口藤右衛門・伊恵夫妻の戒名を彫った夫婦墓の向かって左側面に「知孝院妙恵日唱信女」と千恵の戒名が彫られている。千恵を愛し、彼女の将来をもっとも心配していた父親の墓に合祀《ごうし》されていることが知られるのである。

終章　性差《ジェンダー》と身分社会のなかで

はじめに

本書は、以前に発表した関口千恵に関する三本の論文をもとに手を入れ、これに新たに序章と終章を書き加えたものである。

序章では、千恵の生まれた東海道沿いにある生麦《なまむぎ》村の位置と沿革を明らかにし、戦国期にさかのぼって関口家の先祖の系譜をたどるとともに、十八世紀中葉に分かれた千恵の曽祖父に始まる関口分家について略述した。また本書が、主たる資料とした『関口日記』について、その伝来と全体の構成についいて述べた。さらに他の農民日記と比べてこの日記の記述内容の特徴と思われる点を記し、これまで『関口日記』を利用した研究の成果を紹介し、全体として千恵の行動を理解する助けとした。

終章では、これまでの分析をふまえて、千恵と享二《きょうじ》の生き方を比較するとともに、千恵の一生を特徴づけた江戸城大奥《おおおく》と御殿《ごてん》奉公について、現時点における筆者の考えを記してみた。1節では、千恵と享二が、同じ家庭環境に生まれ育った姉弟である点に改めて注目し、関口家の寺子屋など本論で触れることができなかった点を補足しながら、二人の生き方を比較して論点を整理してみようと思う。二人は父親の主宰する寺子屋で学んだあと、千恵は武家奉公に向かい、享二は漢学塾に入り、二人の歩く道は別れるが、子供を遠く離れた江戸に送り出した親の視線には、共通したものを感じ取ることができた。父親の期待は、ある点では叶うが、ある点では挫折する。享二は、江戸に出て百姓身分の壁を感じざるを得ない経験をした。千恵はいちどは町人身分を獲得したかにみえたが、思わぬ事件に巻き込まれて、武家の奥奉公を諦めざるを得なかった。百姓の娘・千恵が江戸に出て経験したジェンダーの壁を、弟の場合と比較することで考えた。この辺りも視野に入れて、二人の生き方を比較をすることで、本書の一つの総括としたい。これが1節である。

2節は千恵と大奥との関係を改めて整理したものである。千恵は村から江戸の商家に嫁ぎ、夫に死なれると武家奉公を経て、江戸城大奥で十一年奉公を過ごし、退職すると武家との縁談を断り、村から大奥に通い続けるという事実上身分の壁を越えた人生を送った。千恵の経験した大奥関係の叙述は、先人の仕事に頼って書いたことが多いが、本書で筆者なりに明らかにできたいくつかの点について、改めてまとめてみた。

1　千恵と弟・享二

関口家の寺子屋

関口家の子供たちは、幼少期には宮参り、節句《せっく》、七五三など、伝統的な男女の通過儀礼の数々を家族で祝うとともに、近隣や村びとたちに赤飯《せきはん》を振舞《ふるま》うことで、周囲からも名主《なぬし》の子供として注目を集めていた。

寺子屋については、千恵や享二が学んでいる記事がなかったため本論では触れることがなかったが、実は関口家では自宅で寺子屋を開設し、父親の藤右衛門《とうえもん》が名主の仕事の傍ら教えていた。日記でも、正月初めの恒例の年始の記事にまじって「手習《てならい》子供分二日来ル」(寛政六年正月元日)、「門弟残らず書初《かきぞめ》ニ来ル、安部川餅《あべかわもち》出ス」(文化八年正月二日)、「手習子供、半紙《はんし》壱帖つヽ残らず配ル」(文化十一年正月四日)などと記されていて、年の初めに手習いの子供たちがそろって書初めにやってくると、関口家では安倍川餅の馳走《ちそう》で迎え、お年玉に筆や半紙を渡すのが毎年恒例の正月風景であったようだ。

寺子屋の授業料は節句銭といい、正、三、七、九月の節句ごとに、一人銭一〇〇文ずつを納めている。入門する折には、登山肴代(入門料)として銭二〇〇文、もしくは赤飯などを持参した。教場の畳替えには畳代として門弟から銀二匁を徴収している。門弟の人数は、節句銭の収入から推定すると、寛政期の十五人から文政期には三十人前後まで増えている。また生徒の男女比については、正確な数値は得られないが、関口家に残るデータを拾っていくと、寛政七（一七九五）年、八年の生徒はすべて男子であったが、『横浜市教育史』が整理した関口塾の入門者数一覧によれば、文政元（一八〇四）年から天保元（一八三〇）年までの入門者四十一人中、女子が十五人を数え、女生徒が全体の三割を超えている。明治初年の寺子屋調査によると、生麦村では関口家に代わって新堀家で開かれていた寺子屋の生徒数七十三人という数字が残っている（『横浜市教育史』上巻、一九七六）。概数ではあるが、幕末期に向かって寺子屋に通学する生徒数は増加する傾向にあり、女子の就学者が増えていることも確認することができた。江戸における都市社会の成熟が、この街道沿いの村にも押し寄せていることを感じさせる。

さて、千恵、享二はもとより、姉しげ、妹みつについても、父親藤右衛門の塾で学んでいたという日記の記事はみられなかったが、寛政十三年十一月十一日の次の記事に注目したい。「お滋、七歳賀、餅練、（中略）近所子供残らず、神在餅《じんざいもち》ニテ手習子供招く」（別三巻、一一五頁）とあって、しげの七五三の祝いに、手習いの子供たちを招いて餅をふるまった、と記している。当初は、男子だけの寺子屋も、しげの入塾とともに近所の女子も一緒に机を並べて学んでいたのであろう。千恵や享二も、家の塾で父親から習うことは日常の風景だったので、日記には記録されなかったと考えておきたい。

中級の学校と女性

姉しげは十三歳の三月に江戸へ奉公に出た。二歳年下の千恵は、数えで十歳になった二月に江戸へ出て奉公の準備に入るので、父親の寺子屋へ出席していたとしても九歳までであった。九歳までの手習いで読み書きを覚えれば、武家奉公の奥勤めには足りると思われていたのであろう。

亨二の場合は、十一歳で江戸築地にある和気柳斎《わけりゅうさい》の教える寄宿制の漢学塾に入塾した。父親の藤右衛門も若い時代に江戸の漢学塾で学んだ経験があるから、十歳までの寺子屋の学力があれば、漢学の学習に対応できると判断したのであろう。名主の長男として生まれた亨二は、長ずれば家督《かとく》を継いで、名主役も継承するものと思われていた。村の長を勤めるときに、儒学という治者の学問は有用ではあろうが、特に儒学者になることを志していたわけではなく、また周囲も学者になることを期待していたわけではなかった。江戸における数年間の寄宿生活は、名主になるまでのモラトリアム（猶予期間）であり、村の外の空気を吸うことによって人間的成長が期待されていたのであろう。このように男子の場合は、寺子屋を終えても、さらに学ぶ意欲と経済的に余裕のある者に対して、三都や大きな城下町では、民間の学者によって儒学などを教える中級の学塾が用意されていた。

しかし女子の場合には、地方から出府《しゅっぷ》して漢学塾で学ぼうとしても、実際には寄宿制がネックになって、入塾の門戸は閉ざされていたのである。たしかに江戸には、初級の寺子屋教育の上に中級の漢学のクラスを置くところもあり、十五歳以上の男女の塾生が就学している学塾も存在していたし、そこで経験を積んで寺子屋師匠になっていく女性もいたことは知られている。地方に住む武家女性のなかには、家族のなかで男子の兄弟とともに漢籍を学ぶ女性がいたことが知られているし、あるいは江戸の知人を頼って上級の学問に触れる女性もいた。しかし、一般の女性が寺子屋を修了した後に学ぶことのできる教育施設はなかったのである。

少し時代が下がるが、天保八(一八三七)年に、江戸では奥村喜三郎という男が「女学校発起之趣意書」を書いて、江戸市中に女学校を設立できるように町奉行所《まちぶぎょうしょ》に願書を提出し女性のための学校を設立することを訴えている(村上直一九七八)。その計画によると、新設される学校では、午前中に「女孝経《こうきょう》」「女大学」などの教訓的なテキストを読むことや、和歌の作法や鑑賞が必修で、午後には選択科目として、小笠原《おがさわら》礼法、武芸(長刀《なぎなた》、小太刀《こだち》)のほか、縫い、織りなどの縫製技術を教えるカリキュラムを示している。要するに寺子屋を終了した町方の娘たちの受け皿としての中級学校を計画したのである。当時すでに江戸では女子の寺子屋就学率は男子のそれに迫っており、勉学の意思がありながら教育の機会が得られない女性たちの需要が多かったと考えられるが、実際にはこの計画は町奉行所に却下され、実現されることはなかった。

寺子屋の読み書きだけでは満足できず、さらに学びたいという意欲をもった女性がいたとしても、千恵の時代には、事実上、漢学塾のような中級以上の教育施設で学ぶことはできなかった。千恵にそのような勉学の意思があったかどうかは別として、仮に享二と同じようなコースを歩もうとしても、ジェンダー（社会的性差）を理由に、その道は閉ざされていたのである。

亨二の江戸体験

亨二の漢学塾の生活についてハンディ版の本書では省略しているが、亨二自身が書いた「塾日記」（野村兼太郎一九四〇）を参考にすることができるので、しばらく亨二の経験を整理してみることにしよう。父親は、寺子屋の教育によって、漢学学習の準備は整ったと考えていたが、亨二自身の心の準備はまだできていなかった。最初は父親に連れられて江戸に上り、四カ月間塾の寄宿舎に泊まり、その年の暮れにいったん村に帰って正月を迎え、年明けとともに再度父親と江戸に向かったところ、途中で頭痛を訴えて、また村に戻ってしまった。両親のもとから引き離されて、他人の間で寝食を共にする生活を考えると、十歳の少年にはホームシックの気持ちにつつまれて心身の痛みに耐え切れなかったのであろう。三年目からようやく、正月にも帰らずに寄宿生活を続けることができるようになった。

亨二の寄宿舎には、父親をはじめ母親・祖母、そして使いの者が、季節に応じた食料や、着替えの衣料を年に数回運んでいる。父親には、名主の公務で江戸まで足を運ぶ用事があったとはいえ、親の子供に対する熱い思いが、伝わってくる。

亨二の書いた「塾日記」は、寄宿舎で生活する少年の実情を伝えてくれる。塾で学んだテキスト、読んだ本、作った漢詩の数など、漢学学習の概要がわかるほか、師の随身弟子《ずいじん》として、柳斎の傍にあって江戸の街を歩いた記録や、塾の友人たちと行動を共にした記録もあった。師匠や友人たちとの会話も書き留められており、名主の息子として村にいるのとは違う人間関係のなかで、社会性を身につけていく過程が窺われる。そのなかには、友人との口喧嘩《くちげんか》や、師匠からの叱責に対する感情の高ぶりもあり、塾頭である自分の行動についての反省など、青年期特有の自意識過剰から生まれる自責の念や自己批判の言葉も聞くことができる。

十六歳になると自ら塾内で元服式《げんぷく》を計画し、実行している。元服式の後は、「塾日記」に見る限りでは、自責の言葉は消えており、精神的に安定したのであろう。また父親から提供された金一〇両によってこれまで制作した漢詩をもとに漢詩集を出版した。さらに、漢学の学習が一段落すると、父親の意向によって柳斎の寄宿舎から医学塾に通って医学の初歩を学んでいる。

塾生活における少年らしい心の葛藤と、これと対照的に漢詩集の刊行や医学塾など、より上をめざした経験を息子に与えたいという父親の思惑とが入り交じる江戸での豊富な体験を「塾日記」は語っている。江戸における漢学と医学の習得を終えて、享二は八年ぶりに生麦村に帰ってきた。帰るとすぐに、名主見習いを命ぜられ、父親の人生の後を追うコースを順調に歩むかのようにみえた。

千恵の武家奉公

つぎに千恵の江戸体験について見ていきたい。千恵は、十歳で江戸の善助宅に寄宿して、お屋敷奉公に必要な行儀作法と三味線《しゃみせん》の技能を習得したのである。貧農の娘であれば、十歳でも遠くの町で泣きながら一人で子守奉公を勤めたであろうが、千恵の場合は江戸の商家に行儀見習《ぎょうぎ》いに行くのに、祖母が三カ月間付き添い、その後も二年の間、祖母と父親が何度も先方を訪れ、千恵の様子を大事に見守っていた。十二歳で大名屋敷に勤めが決まると、衣服の取り換え、季節の食糧の差し入れのために、家族や使いの者を頼んで訪れているのは、享二の留学と同様であった。千恵のお屋敷奉公については、日記や手紙など直接様子を窺わせる資料は残っていないけれども、家族と離れて他人の間で暮らした点では享二の寄宿生活と同じであって、似たような体験をしたと思われる。享二の留学が、村に帰って名主の見習いに就くまでのモラトリアムだったとすれば、村の娘たちの御殿奉公もまた農家の嫁になるまでのモラトリアムであった。姉しげのように武家屋敷に奉公し、同僚の町家の娘たちと一緒に江戸で過ごした経験は、村に戻って隣村の名主家の嫁となった後半生にも良い思い出として残ったに違いない。ただし千恵の場合は、少し事情が異なっていた。

享二は、塾の友人との付き合いで、「百姓」呼ばわりされたときの憤懣《ふんまん》を日記に書きつけている。身分・出自を理由にした差別発言は、本人の努力では解消できないものであるだけに、心に傷として残ったであろうが、漢学を学ぶ上では、武士、町人、百姓など出身による差別はなかったといってよい。しかし千恵が奉公した武家屋敷には、身分による就職差別があった。町人の娘であれば御殿の奥に勤めることができたが、百姓の娘に炊事や洗濯などの下働きは任せても、奥座敷の勤めは許されないという身分による職業差別が歴然と存在していた。千恵の場合は、父親の藤右衛門がこの枠を超えた奥勤めをめざし奔走している。最初の木下家とは、就職前から交渉した気配があったが、結局うまくいかずに退職した。退職中に、江戸宇田川町《うだかわちょう》の商家伊藤家の養女になって町人身分を獲得したのちに、小笠原家の奥座敷への就職を果たし、いったん父親の計画が成功したようにみえたのであるが、一年半にして突然御屋敷からは宿下り、養女解消の憂き目にあってしまう。日記にはその理由が明記されていないが、三田氏の推定によれば、問題は養家である伊藤家の悪評にあるとしており(久木・三田一九八一)、たしかに養家のスキャンダルであれば、養女を解消し奥奉公をあきらめることもやむを得なかったであろう。

父親は、ただちに方針を転換して、千恵に江戸の町家との縁談を進めるのである。このときも藤右衛門は、独断で相手を両国《りょうごく》若松町の川村家と定めて、早々に結婚に持ち込んでいる。千恵は、いわれるままに川村家の嫁となった。はじめは順調にみえた結婚生活も、子供を生んだ直後に、夫松五郎を流行りの胃腸病で失い、そのまま夫の弟と再婚するものの、川村家の経営は傾きをみせ、千恵は離婚を考えはじめたと思われる。父親の藤右衛門も家運の傾いた婚家から娘を引き取ることには力を尽くし、離婚の交渉に当たっている。

父親は、離婚した千恵を生麦村の実家に引き取るつもりのようであったが、川村家を離れた千恵は、父親を振り切って江戸に残る道を選んだ。江戸に住む縁者の伝手《つて》をたどって、武家奉公の口を探したのである。三十一歳の寡婦《かふ》のできる仕事として、かつて経験したことのある御殿奉公の口を求め、駿河台《するがだい》に住む旗本《はたもと》中野清茂(石翁《せきおう》)の屋敷に職を得た。仲介をしたのが親戚筋の男とはいえ、千恵にとっては初めて父親を離れて開拓した職場であった。

さらに一年後には、中野の養女として大奥へ上がっていたお美代の方の住まう長局《ながつぼね》に部屋方として勤めることが決まったのである。これは、中野清茂の縁と、美代の娘溶姫《やすひめ》が加賀《かが》藩に嫁いだことで美代《みよ》付きの女中を探していたという偶然がかさなり、さらに千恵が中野邸で発揮した家政運用能力が認められたことによるものであろう。美代を主人として、久尾《ひさお》が局を勤める十人前後の女性部屋に十一年間住み込みで勤め、年季が明けるとようやく故郷の村に帰ってきたのである。

村に帰った千恵

千恵は、川村家へ嫁いでから数えて二十四年ぶりの帰郷であった。関口家では、すでに父親藤右衛門が隠居し、家督は弟の享二改め、東作《とうさく》に譲られていた。

享二(東作)の帰郷後の生き方について、ここで簡潔に述べておこう。彼は、村に帰ってから父親の選んだ相手と結婚するものの、最初は数カ月で離婚、再度の結婚も五年ほどで離婚となった。三度目は神奈川宿の廻船問屋《かいせんどいや》の娘との縁談であったが、これも婚約した直後に東作は、大坂加番《おおさかかばん》に向かう知り合いの旗本に従って大坂と関西名所めぐりの旅に出かけてしまう。この辺の詳しい事情はよくわからないが、東作なりの父親への反発がもたらした結果ではないかと考えられる。さいわい、相手が寛大で婚約破棄にいたらず無事婚礼を挙げると、ここで初めて安定した家族を作り、一男一女の父親になって、天保九年に関口家の家督を継ぐことになるのである。留学時代には素直で親に従っていたのに、家に帰ってからこのように結婚問題でトラブルを続けたのは、あるいは偉大な父親から自立しようとする模索の過程であったかもしれない。

さて、千恵と亨二は、幼い時に別々に江戸に出たので、一緒に暮らした時間は短かったが、三十年を経て、父は隠居し、弟が家督に就いた家に、千恵は単身で戻ってきたのである。しかし、千恵は村に帰ってからも、大奥のお美代部屋に通い、数カ月をそこで過ごすという生活を続けたので、父親も当初は千恵の扱いに困惑したのではなかろうか。千恵の知人が訪ねてきて、現役の旗本との縁談話を持ち込んだとき父親は直ぐに賛成したものの、千恵にその気がなく、東作も千恵の判断を支持して、後から姉弟二人で江戸春日町《かすがちょう》の仲介者の家まで断りに行っている。

千恵は、生麦村の家を永住の場所に定めた上で、大奥のお美代部屋から声がかかれば江戸城まで出かけるという生活スタイルを自ら選択したのである。帰郷当初は千恵の財布を預かるなど保護者然としていた父親も、千恵を見る目を変えたのか、これまで預かっていた千恵の財布を本人に返し、千恵の江戸行きを自由に任せるようになり、隠居地として保持する田畑地の一部を千恵の老後の生活費に充てることを定めた「譲地証書」を作成するなどして、独りで生きていく決意をした千恵の晩年の生活を保障した。

千恵は、帰郷した四十三歳から、死ぬ前年まで二十五年間に、生麦村と江戸城の間を二十七回往復している。千恵がお美代部屋でいかなる役割を果たしていたのかは不明であるものの、お美代部屋のお局として部屋を仕切っていた久尾との間は固い絆《きずな》で結ばれていた。久尾からの呼び出しの手紙で出府していたこと、ふだんも互いに手紙をやり取りしていたことが確認できる。また千恵が病を発したときは、久尾から見舞いの品が届けられ、千恵が亡くなったときには遺言で久尾宛の形見の品が遺されていた。また千恵没後のものではあるが、久尾から千恵の甥に当たる東右衛門宛の手紙が、関口家文書のなかに残されていることは、千恵と大奥との浅からぬつながりを示している。お美代部屋のなかでは、同世代の女性たちの、身分を超えた友情が生まれており、千恵はその交友を求めて、何度となく江戸に向かったのであろう。これは、東作が村に帰ってから、塾の友人との交渉をほとんど絶っていたことと対照的である。

東作は、息子の梅二(後の東右衛門)に江戸留学などはさせないで、近在の村の名主宅へ奉公に出しているのも、彼なりの考えであろう。娘の愛(後のまち)についても、鍋島《なべしま》家の御殿奉公を終えたあとは、江戸への未練もなく、戸塚宿の商家との間で縁組を決めている。愛の花嫁衣裳を江戸の呉服屋で誂《あつら》えるときには、江戸城に滞在中の千恵を呼び出して、品選びにアドバイスを求め、そのまま三人で一緒に生麦村まで帰ってきたことがあった。千恵の晩年には、嫁に行っていたまち(愛改め)を誘って江戸城の雛《ひな》飾りを見物に行ったこともあった。この年文久二(一八六二)年十二月に、享二の病気がすすみ危篤におちいると、江戸にいた千恵にもその報が伝えられ、ただちに村に帰ってきて最期の床に立ち会っている。

千恵が、お美代部屋に正規に奉公していたときの給金が如何ほどかについてはわかっていない。退職後の江戸行きについても当然しかるべき報酬があったと考えられるが、この実態も不明である。また、千恵はかなりの高額の金額を、知り合いの営業資金として貸し付けていることもわかっている。千恵没後に、寝床の近辺から合計十数両の金銀が見つかっており、千恵が自ら稼いだ報酬をもとに生計を賄っていたことはたしかであり、父親が千恵を思って作成した「譲地証書」の世話になることなく生涯を終えたのである。千恵の葬儀の参列者の人数を見ても、千恵が村のなかで多くの人たちに囲まれて晩年を送っていたであろうことがわかる。

千恵が亡くなると、千恵を御殿伯母《ごてんおば》と呼んだ甥の東右衛門は、すでにできあがっていた千恵の父母、藤右衛門と伊恵の夫婦墓に、千恵の遺骨を合葬し、墓石の側面に千恵の戒名を彫り込んだ。この異例な措置によって、今も安養寺《あんようじ》の関口家の墓域を訪れると、東作夫妻の墓の隣にならんで藤右衛門夫妻の墓があり、あたかも父母の懐に抱かれて眠る千恵の姿を目に浮かべる思いがする。

千恵の前半生は、父親が描いたプランに沿って、生まれた村を離れ、百姓身分も捨てて、江戸で生きる道を選んで苦闘したが、いくつかの挫折を味わいつつも、不思議な縁と運によって江戸城大奥の生活を十年余過ごすことができた。江戸城から生まれ故郷に戻ってきた千恵の後半生は、江戸の友と交流を続けながらも、百姓身分に戻って家族に囲まれ、村の土にかえることになったのである。

2　江戸城大奥と千恵

大奥研究

千恵の大奥勤めを、最初に原稿にした一九九三年には、まだ江戸城大奥に関する信頼すべき研究は多くはなかった。これまで農村史を中心に仕事をしてきた筆者にとって、千恵が足を踏み入れた大奥の世界は、未知の分野であったから、すべて手探りで歩かねばならなかった。大奥というと、将軍の側室や老女たちの物語はあったものの、大奥のなかで立ち働く女中の生活をたどるためには、戦前の作品である『旧事諮問録《くじしもんろく》』(旧事諮問会編一九八六)の記録や、三田村鳶魚氏の著作(三田村一九七六a・b・c)から元奥女中たちの聴き取り記録をふるいにかけて、史実を探し出していかねばならない状況であった。

ただ、ちょうどこの時期から、期せずしていろいろな方面で、大奥研究の動きが始まっていた。一九九〇年には武州多摩地方の農村に残された手紙をもとに農村出身の大奥女中の生涯を紹介した増田淑美氏の研究（増田一九九〇）が女性史の論集に発表されている。一九九二年には奥女中分限帳を分析した松尾美恵子氏の研究（松尾一九九二）、九五年には大奥の御殿図を紹介した深井雅海氏の研究（深井一九九五）など、大奥の基礎データを明らかにする仕事が、それぞれの所属する研究紀要に発表された。その後の大奥研究の出発点ともいうべき研究がそろったのである。

さらに、この時期には筆者にとって忘れられない二つの催しがあった。一つは、一九九九年に開催された小金井市にある江戸東京たてもの園の展示である（江戸東京たてもの園一九九九）。多摩地方から江戸城に奉公に出た女性が、家元に送った手紙の紹介を中心にした展示であり、珍しさもあって大きな反響を呼んだ。この展示に関わった畑尚子氏は、その後奥女中に関する論文を数多く発表している（畑一九九八・二〇〇九）。もう一つは、二〇〇〇年に開かれたカリフォルニア大学教授アン・ウォルソール氏によるお茶の水女子大学の夜間セミナーであった。江戸城大奥についてジェンダーの視点から、国際比較、あるいは江戸文化との関連を考察したもので、盛況だったセミナーの内容は論文としても発表されている（ウォルソール二〇〇一a・b）。

その後、大奥についての多面的な研究とともに、いくつかの大名家の奥について個別的な研究もすすめられ、さらに竹内誠・深井雅海・松尾美恵子編『徳川「大奥」事典』が刊行された（竹内・深井・

松尾二〇一五)。ここでは大奥の制度、大奥と政治・経済・文化、大奥の女性、大名家の奥などについて研究の現状が紹介されており、大奥研究の入門の役割を果たすとともに、大奥研究の深さと広がりを示すものとして目をみはるばかりである。

大奥奉公の経緯

このような大奥研究のなかで、筆者が明らかにできたことは、千恵という農家出身の部屋方奥女中の家族の目を通じて知りえた、きわめて微細なことであった。ここで改めて見直しておくと、①大奥に勤めた経緯、②大奥と千恵の実家生麦村との間の通信手段、③千恵の晩年の江戸・生麦村の往復、この三点になると思う。以下、本書で述べたことを整理しておこう。

第一は江戸城大奥の部屋方に職を得る経緯であるが、千恵の場合についていえば、いくつかの偶然が重なっていた。千恵は江戸の商家を離縁されると、江戸で武家屋敷奉公の口を探していたが、ここで中野清茂の屋敷に奉公できたことはまったくの偶然であろう。しかも翌年、清茂の養女お美代と将軍家斉《いえなり》の間に生まれた息女溶姫が加賀藩前田家に嫁ぐこととなり、溶姫のお付き女中にお美代部屋の信頼できる女中を差し出したため、その穴埋めの女中が必要になったのである。そこで清茂のおめがねにかなった千恵が後釜に据えられたと考えられる。清茂という強力な縁と、溶姫の御輿《おこしい》入れに遭遇した偶然と、もう一つは父親の反対を押し切って独力でも江戸での就職を狙った千恵の意志とが重なって実現したものである。

大奥就職の事例という点では、千恵が弟可吉の娘りえのために奔走したケースも見ておこう。詳しくは第三章6節に述べたが、はじめ千恵は姪のために一橋《ひとつばし》家の求人を見つけてきたが、この面接に失敗すると、こんどは姪をお美代部屋に仮住まいさせて大奥の求人を待っている。このような努力が実って、ようやくりえは西丸に奉公口を見つけ、念願の大奥奉公が叶ったかにみえた。しかし、五カ月後には本人が高熱を発し、宿下がりして実家の神奈川へ帰り、そのまま再度江戸へ向かうことはなかった。強力な縁で、いったんは奉公できても、本人の事情によってうまく継続していかないケースもあったのである。

大奥からの通信

大奥と千恵の関係で注目した第二点は、千恵の勤めた大奥と実家生麦村との通信・伝達の手段である。庶民とは隔絶された江戸城大奥と、どのように連絡をとっていたのであろうか。

千恵が大奥に行って二年目に当たる文政十三(一八三〇)年二月に、初めて千恵から実家の関口藤右衛門に宛てた手紙が「三度便《さんどだよ》り」を通じて届けられた。「三度便り」とは、三度飛脚《さんどびきゃく》をさすのであろう。ほんらい三度飛脚は、江戸と上方を一カ月に三回往復する民間の飛脚便として十七世紀中ごろに始まったが、その後江戸では天明期になって商業用の手紙や物品を運送する民間業者が株仲間をつくり「定飛脚《じょうびきゃく》」と称していた。しかし世間一般には三度飛脚という、昔からの慣れた呼称で呼ばれていたのであろう。日記では、この飛脚は「本町越後屋幸助方より」届いたと記している。越後屋は、大奥に出入りする日本橋の呉服屋であり、幸助はお美代部屋を担当する係の手代として、外出が不便な女中に代わって手紙を発送するサービスを頼まれていたのである。

三度飛脚は、手紙だけでなく、衣類や茶などの物資の配送も扱っていたが、日記を見ていると、配送のシステムもいろいろあることがわかる。一つは、商業便の神奈川行きのルートに乗って神奈川宿の白幡屋に直行するもので、関口家はここまで取りに行かねばならない。二つ目は、越後屋の配送立替えで生麦の関口家まで配送されるもので、配送賃は後日越後屋へ返済することになる。三つ目は、自宅配送のときに、料金引き換えで受け取るもので、以上の三通りが確認できる。なお、越後屋でも、将軍の「御膳残り」の配送を頼まれたときは、飛脚は使わず自分の店の使いの者に持たせて、その日の夕刻に生麦村まで届けている。

このような三度飛脚による配送は、広域で商業活動を展開している越後屋だからこそできたことで、一般にはさほど普及していたとは思われない。千恵が嫁していた川村家からの連絡は、ほとんど下男が直接届けたものであり、一例だけ神奈川経由の手紙があったので、これは飛脚便だったかもしれない。このほかには、天保二(一八三一)年八月五日に、馬喰《ばくろ》町《ちょう》の代官屋敷からの「秋成其外《そのほか》、御普請箇所付き帳面、皆済目録等、御廻状」などの公務書類を飛脚便で送ってきたことがあるくらいであって、一般の私的通信ではほとんど使われていなかった。

生麦村から、江戸城にいる千恵に食料や衣類などを届けることも多かったが、その場合には、関口家の小作人や手伝い人が荷物を背中に背負って、江戸城まで運んでいた。特に千恵に連絡を要する場合も、直接越後屋まで足を運んで大奥への伝達を頼んでおり、関口家が飛脚便を利用して書状や物資を送ることは一回もなかったのである。

大奥との往復

千恵と大奥との関係で明らかにできた三つ目は、千恵が十一年の奉公を終えたあとに、二十五年間にわたって計二十七回、自宅と江戸城を往復し、延べ二〇〇〇日以上も元の奉公先のお美代部屋に滞在したことである。このように長い期間、江戸城大奥へ通った女性がいたことは、これまで知られていなかった。本文では、千恵が往復した時期についてはすべて第四章の表9（一二九ページ）に示したが、代表的なケースを見るにとどまっていたので、ここで改めて二十七回の全行程について、多少の重複を厭わずに、断片的な情報も含めて千恵の大奥にいたる足跡をたどっておきたいと思う。

千恵が、江戸城へ通うにいたった経過を整理すると、最初は、城を下がるときにもらった餞別《せんべつ》への返礼目的で、帰村した年の天保十年十月三日に母親と一緒に出府したのである。関係者への挨拶が済むと、千恵は母親を先に帰して、自分はお美代部屋に入り込んで長逗留を決め込んでおり、年末になって使いの者が迎えに来ても帰らず、翌年三月になって母親が大奥の雛人形見物を兼ねて出府したので、ようやく一緒に帰ってくることになった。帰途は馬喰町の親戚山口屋藤兵衛家に立ち寄って七日ほど泊まり、三月十四日に村を発ってから一六一日ぶりに村に帰って来た。山口屋は、千恵が二回目以降も江戸城への行き帰りに立ち寄る中継場所であった。二回目以降は、煩雑を避けるために往復の日時・日数などは表9を参考することにして、大奥往復の経緯について日記でわかることを整理してみたい。

二回目は、山口屋の依頼で出府した。出発する四日前の記事に「夜に入、馬喰町山口屋藤兵衛来る、是は同人方出入《でいり》一条ニ付、お千恵相頼《あいたのみ》、内頼いたしたき趣《おもむき》にて迎ニ参り候由」〔九巻、一二三頁〕とあって、山口屋が目下係争中の訴訟の件で、千恵に頼みたいことがあるとして、迎えに来たのである。この翌日に、江戸のおれん殿が縁談話を持ち込んだので出発が遅れたが、さらに山口屋から元吉が迎えに来て、一緒に山口屋へ赴いた。山口屋が直面した「出入り一条」の内容はわからないが、当時の権力者中野石翁にコネを持つ千恵の力に期待したのであろう。千恵は、山口屋から西丸《にしのまる》へ移ったとみえ、「西御丸より御用人を召し連れ」〔九巻、一二三頁〕て五月十五日に帰って来た。実は同月二十日に石翁が箱根《はこね》に向かう途中に生麦村を通過するので、その接待準備のために急いで村に帰って来たのである。このときは西丸を出発したのが八つ時〔午後二時〕、帰宅したのが夜五つ時〔午後八時〕と記しており、徒歩で約六時間を要している。

三回目の出府は、お美代部屋のおひわ殿からの手紙で呼び出されたものであった。ひわの手紙が山口屋に届き、これを飛脚でよこしたものであった。この手紙で千恵は早朝に出発し西丸に向かった。供の国次郎の報告によれば、往きは千恵と早朝に出発し西丸着は昼四つ半（午前十一時）、帰りのひとり旅は九つ（正午）に出て、七つ（午後四時）過ぎに家に着いたという。途中の休憩も入れて千恵の足で六時間、壮年男性で四時間かかっている。千恵は、そのまま西丸に留まっていたが、七月の初めに中野石翁の屋敷に呼ばれた。石翁は、箱根の帰りには、出府中だった千恵からの申し送りで枇杷《びわ》の籠を受け取っている。江戸に帰った石翁は千恵を屋敷に呼び寄せて謝意を伝えたのであろう。七月十日に山口屋へ寄って帰る予定が、十三日に六郷川が川止めになり、帰宅は十六日になったという。

四回目も、西丸ひわ殿の使いが出府を促す口上を述べ、千恵はこれに従って西丸へ上がった。二カ月後に、家から千恵宛に、用事があるから帰宅するよう書状を出している。八十日ほど経て千恵は山口屋経由で帰って来たが、このとき呼び戻した用事が何かはわからない。

五回目は、四月に出発し七月に帰宅しているが、この在府中に千恵の姪りえ（弟可吉の娘）の御屋敷奉公に力を入れていた事情については第三章6節で記しておいた。六回目の出府は、りえを連れて行く予定だったが、りえの体調不良のため、千恵は荷持ちの亀五郎と出発している。今回は、八月三日に出府して、同月二十八日に帰宅、わずか二十五日の滞在であった。第二回から第六回までおよそ一年半の間に五往復し、期間の半分は大奥に滞在していたのである。

六回目の出府から帰ると、その後千恵は高熱を発し病床に臥せることになった。日記には、天保十二年十一月二十四日が病気の初見で「お千恵歯痛にて打臥罷《うちふせまか》りあり候」(九巻、一八八頁)とある。翌年二月には「お千恵病気肩背痛にて発熱」「夜中痛み強く臥せかね出来ず」という状態であった。そのようなとき、二の丸の久尾からゴサイの長次が使いで、出府を促す手紙を持って来た。千恵は病状を述べて出府できない旨、返事を書いている。長次は上菓子を土産に持参し、千恵からはお返しとして納豆、茄子《なす》、しらす干しを使いに持たせている。千恵は、四月にようやく床上げしたが、五月になると、久尾から病状を尋ねる使いがやって来て、米、菓子、砂糖、塩などの見舞い品を届けている。千恵はお返しに梅、紫蘇《しそ》の実、茄子三盃漬けを使いの者に持たせている。さらに六月には、亀五郎が久尾まで梅干し、小麦粉、かき餅を届けた。

第七回は、一年半ぶりの出府である。在府中に、りえの西丸奉公を実現させると、一カ月の滞在で帰っている。続く第八回は、四カ月の滞在で、山口屋に前から逗留していた姉と一緒に帰村した。第九回は「今夜五つ頃(夜八時)二の丸久尾様より千恵方へ迎えの者参り、急に上りくれ候様に申し越候」(十巻、六頁)ということで、翌日早朝に迎えの者と一緒に出立した。このときは、年を越し四カ月ほどの滞在で帰宅した。第十回は、前年に亡くなった中野石翁の墓参りを目的の一つにして出府している。第十一回は、二の丸のゴサイ源七から、「お千恵頼りたきに付、上り候様に」(十巻、一二一頁)という久尾の出府を促す手紙をもらって出発し、五カ月滞在した。

第十二回は、日記の欠落のため、出立日がわからない。第十三回は、帰宅の日が不明である。帰宅後と思われる時期に、久尾から手紙をもらい、千恵は返事を書いたが、このときは出府にはつながっていない。第十四回は、出立の記述はないが前後から推定した。第十五回から第十八回まで、千恵は五十代になっても相変わらず頻繁に江戸城を訪ねているが、出府が日常化して日記を記す弟東作としても千恵の行動には筆も簡略になったようである。

第十九回のときは、滞在四カ月を過ぎたころ、東作は江戸で娘愛の花嫁衣裳をそろえるにあたって、千恵を二の丸から呼び寄せて、金沢屋、夷《えびす》屋などで衣類購入にアドバイスを求めている。千恵はそのまま東作と一緒に帰宅した。第二十回では、出府して半年たったころ、千恵の手紙が実家に届き、めずらしいことに「金子《きんす》入用」の申し出があり、すぐに金三両を山口屋へ届けている。その後、千恵は「不快」ということで御殿を下がり、山口屋に七日ほど逗留して、村へ帰っている。帰村すると医師を呼んでおり、一カ月後には回復を保証されたが、体調の不調が続いたのであろうか、第二十一回の出府は、三年半後のことであった。

第二十二回、千恵も六十歳代に入ると、江戸へ上る経路に変化がみられる。出府の記事は「今朝お千恵出府、昨夜北おその方止宿、同道いたし候」(十三巻、二四三頁)とあって、前夜に、関口家に介護や使いの手伝いで親しく出入りしている、「北その」の家に泊まって、翌日一緒に出発した。第二十三回のときは、前日に鶴見幸吉方に止宿して翌朝出立、第二十四回は、北熊次郎方へ泊まっている。

第二十五回は、しげの婚家である鶴見六郎右衛門方に泊まって、翌日早朝に江戸に向かっている。

第二十六回目の江戸城行きは、千恵六十六歳の文久二(一八六二)年二月二十八日だった。この日に鶴見六郎右衛門方に出かけて翌日に江戸へ向かった。このときは、戸塚に嫁いでいる東作の娘に本丸大奥の雛飾りを見せてやるのが一つの目的だった。ここ数年は、春から夏にかけての滞在が多く、寒い冬場は家にこもっていることがふつうだったが、今回は雛見物のため二月に発ったのであろう。この年七月、東作の脚の腫れ物が悪化し、重態との医師の見立てで、近親者を呼びよせた。千恵には亀五郎を遣わしたところ、山口屋に下がっていたことがわかり、七月六日に二人で帰って来た。千恵が二の丸を訪れたのはこれが最後となった。その後、元治元(一八六四)年三月九日に、千恵は鶴見に一泊し、翌日江戸へ向かった。四月になってから山口屋にいる千恵からの手紙が届き、その指示に従って、千恵の単物《ひとえもの》をついでのある魚荷の衆に頼んで届けている。六月十一日には、千恵のために帷子《かたびら》を山口屋まで届けた。千恵は、六月十三日に山口屋を出立し、鶴見に一泊して、十四日に帰宅した。このときは、江戸へ着くと体調が悪く、山口屋に留まったままで二の丸御殿に上がることなく生麦村へ帰って来たのであろう。その後も体調が思わしくなく、千恵には江戸へ向かう機会は訪れなかった。

千恵が江戸へ向かった回数は二十七回、日数にして二〇〇〇日を超えている。これを年齢で整理してみると、四十代には十三回の往復、一〇四六日、五十代には八回の往復で七六二日、六十代は八年間で六回の往復、四七三日という数字を得た。晩年になっても衰えを感じさせない脚力であった。本

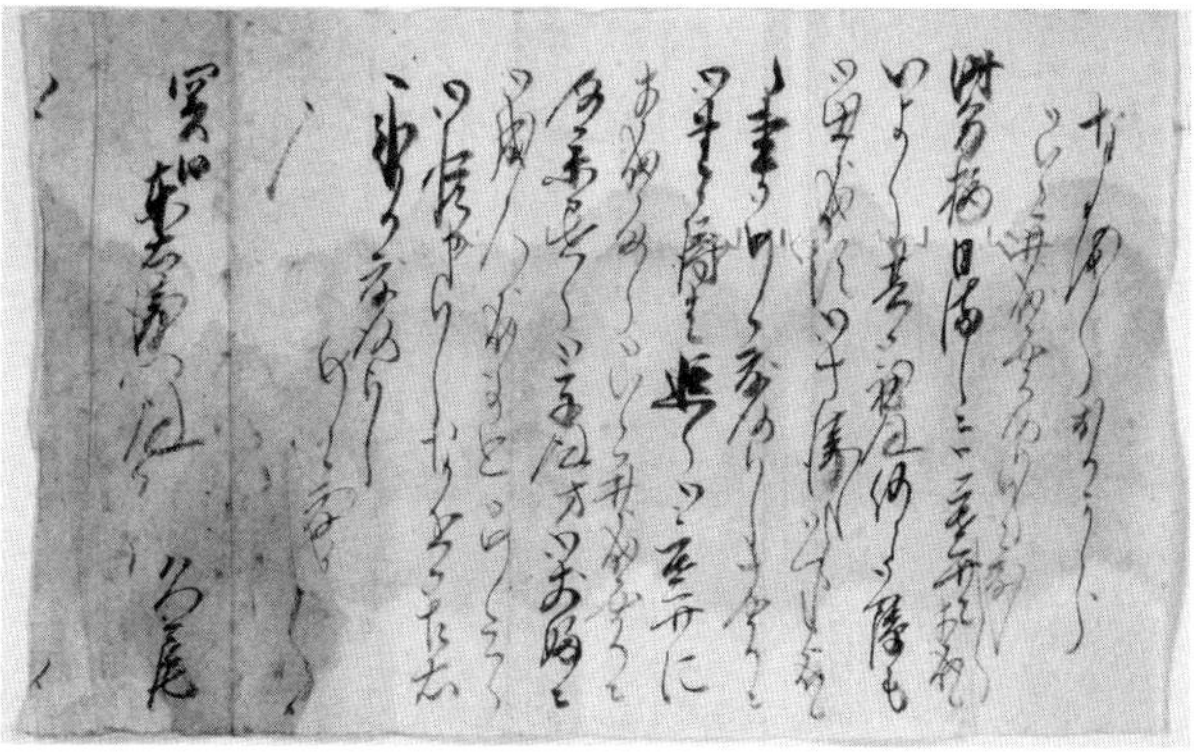

久尾の手紙(関口詮家文書)横浜開港資料館所蔵　千恵の死後に関口家の当主東右衛門(千恵の甥)に宛てた挨拶状。千恵の筆跡は残っていないが，生前久尾と手紙を交換していたことを思えば，久尾の筆跡から，千恵を取りまく文化的環境の雰囲気を窺うことができよう。

篇でも述べたが、千恵が駕籠《かご》を使って江戸と往復したのは、出産に備えて実家へ行くときと、生後一カ月の乳児を連れて夫のもとに戻るときの二回だけであった。

千恵が、これほどお美代部屋へ呼び出された理由は何だったのであろうか。理由が明示されているのは、第十一回の江戸行きの際の呼び出しの言葉に「お千恵頼りたきに付き」とあるのが唯一の例で、何か特別に千恵の判断を求めることがあったのであろうか。晩年の江戸城二の丸訪問は、お美代改め専《せん》行院《こういん》、ひわ改め久尾と、同世代女性の会話を楽しむためであったのかもしれない。生前、千恵の病床に久尾から見舞いが届き、千恵は遺言を書いて久尾に形見分けの茶器を贈っている。久尾は千恵没後にも遺族に対して挨拶の書状を送っている。浅からぬ親交の情をみることができるのである。

大奥と遊芸

最後に、これまであまり触れることができなかった武家屋敷奉公と遊芸の関係について述べておきたい。

江戸城大奥をはじめ武家屋敷の奥に勤めるには、三味線や踊りなどの遊芸が要求されるとして、江戸後期町人の子女の間では寺子屋通学と並んで競い合って遊芸のお稽古に励むことがブームになっていたといわれている。市川寛明氏は、この点を取り上げて、江戸の町人社会に発生した女性の御殿奉公熱が、女性のリテラシーの向上をもたらしたと評価されているが（市川二〇一二）、はたしてそのような理解が可能なのか、大奥における遊芸のあり方を取り上げて考えてみたい。

まず千恵についていえば、幼少期江戸の善助宅に寄宿して武家屋敷への奉公をめざしていたころに、三味線の修練に励んでいたことが知られている。村にいては学ぶことのできない三味線に代表される遊芸を身につけることが江戸へ出てきた主な理由かもしれない。ただし、千恵が屋敷奉公したのちには、大名家でも江戸城においても三味線など遊芸との接点は見つけることはできなかった。

実際に江戸城大奥で、女中たちの遊芸はどのように利用されていたのだろうか。この点についてのデータは、なかなか得られないのであるが、三田村鳶魚氏が、一三代将軍家定《いえさだ》の御台所《みだいどころ》天璋院《てんしょういん》の中臈を勤めた経験のある大岡ませ子氏からの聞き取りによって、ちょうど千恵が大奥に出入りしていた家慶・家定時代の大奥における遊芸の様子を記しているので、これを参考にしたい（三田村一九七六

a・b)。それによると、この時代中臈の部屋方として遊芸に長けた女中を雇用すると、「お茶の間子供」と呼んで「三の間」に勤める女中の下で給仕をさせていたが、精進日以外の日には午後からの給仕仕事をやめ、「御鳴物《なりもの》の間」の屏風囲いのなかで、三味線を弾き、長唄、常磐津《ときわづ》、義太夫《ぎだゆう》など当時市中で流行りの音曲を唄っていたという。これを少し離れたところで御台所(将軍夫人)も聞いていたというのである。

また大奥で狂言(歌舞伎芝居)を演ずるときは、大名家のように町方から役者を呼び入れることはせずに、この「お茶の間子供」が役者となって芝居を演じたという。芝居は年に三、四回開かれたが、出演する女中たちは日常の仕事を免ぜられ、その準備に市中の芝居見物を許されるばかりか、歌舞伎役者や裏方にも会って話を聞くことができたという。こんな素人芝居であっても、ふだん外出の機会がない御台所にとっては貴重な娯楽の機会だったのである。このように女中たちの遊芸は、大奥における数少ない娯楽の機会として評価することができても、女性のリテラシーの向上とはまた別の次元の問題であろう。

当時江戸市中においては、若い女性たちの間で踊りや唄が流行していたのにたいして眉をひそめ、これに代わるものとして寺子屋教育に続いて学ぶ中等教育にあたる「女学校」設立を企画する運動も始まっていた(村上一九七八)。踊りや唄の遊芸の波及と、リテラシー向上の動きは対抗的に進行していたように思われるのである(大口二〇〇三a・二〇一五)。

あとがき

はじめに、本書に掲載した各章の原題と初出の一覧を掲げておこう。

序章　〔『江戸城大奥をめざす村の娘―生麦村関口千恵の生涯』（山川出版社、二〇一六年）、本書の原著〕

第一章　農家の娘　「近郊農村と江戸―生麦村関口千恵の半生から―」（横浜近世史研究会編『幕末の農民群像―東海道と江戸湾をめぐって―』横浜開港資料館・横浜開港資料普及協会刊、一九八八年）、のちに『日本女性史論集6　女性の暮らしと労働』（吉川弘文館、一九九八年）に収録。

第二章　商家に嫁す　同右

第三章　江戸城大奥　「農村女性の江戸城大奥奉公―生麦村関口千恵の場合―」（横浜開港資料館・横浜近世史研究会編『19世紀の世界と横浜』山川出版社、一九九三年）、のちに『女性のいる近世』（勁草書房、一九九五年）に収録。

第四章　村に生きる　「『御殿伯母』関口千恵の生と死」（横浜開港資料館・横浜近世史研究会編『日記が語る19世紀の横浜』山川出版社、一九九八年）

第五章　財布と資産　同右

第六章　千恵の最期　同右
終章　〔『江戸城大奥をめざす村の娘─生麦村関口千恵の生涯』（前出、二〇一六）〕

この一覧を見ると、千恵の生涯の第一章を書き始めてから初めて本になるまでに二十八年が過ぎていることがわかる。このたび一冊の本にまとめるにあたって、千恵さんとの出会いからの歳月を、改めて振り返ってみたいと思う。

最初は、横浜開港資料館（以下、開港資料館）の阿部征寛氏の勧めにしたがって書き出したことを思い出す。当時、開館から日の浅い開港資料館では、所蔵資料の目玉である「関口日記」を企画展示や、講演テーマ、紀要論文などに取り上げていたが、同時に資料館の成果を公表する論集『幕末の農民群像』の刊行を企画していた。開港資料館の研究会でお世話になっていた筆者は、『関口日記』全巻を目の前に積み上げた阿部氏から、「江戸の近郊農村」というテーマを与えられたのである。筆者は、農村史研究からスタートしていたが、検地帳や年貢免状など村方史料の分析に限界を感じ、数年前から「公私日記」（武州多摩郡柴崎村鈴木家の名主日記）を使った論文を二、三発表していたので、日記を素材にすることに抵抗はなかった。関口家の当主は村名主として江戸の代官屋敷に出張し、息子は江戸の漢学塾に寄宿し、娘も武家屋敷に奉公していることは、前もって承知していたので、この三つを扱えば、初めての土地や家族であっても、幕末における江戸と近郊農村の関係について、何らかの知見を得ることができるであろうと引き受けたのである。女性史にも関心があったので、もっとも馴染みの薄かった御屋敷奉公から始めようと、娘千恵の記事を拾い出してみたら、奉公や商家への嫁入りにともなう村と江戸との往復を追いかけるのが精いっぱいで、予定の枚数では父親や弟の行動を触れるにいたらなかった。続きは、五年後、十年後の開港資料館の論集に引き継がれることになったのである。

ここで、執筆に際してお世話になった開港資料館の研究会にも触れておこう。『幕末の農民群像』は、横浜近世史研究会の編集となっているが、この時点ではまだ実体がなく、その後、横浜に関心のある若い研究者たちが集まって実のある研究会が発足した。定期的に研究会を開くとともに、開港資料館の調査業務に協力した。開港に関連する資料を探して、伊豆の江川文庫、知多《ちた》の鈴渓《れいけい》資料館など各地の図書館や資料室に赴いたことも思い出になっている。研究会の成果は、その後五年ごとに発行された三冊の論集となって公刊されている。研究会のメンバーは、各論集の末尾に載っているので、ここで紹介することはしないが、忘れがたい三人の名前を挙げておきたい。当初の推進役だった阿部征寛氏は二冊目の論集を待たず、若くして逝去された。横浜の郷土史の先達である内田四方蔵氏は研究会に毎回出席されて、助言をいただいたことも忘れられない。『関口日記』の翻刻《ほんこく》に当たっておられた氏は、関口家の人脈に詳しかったことを思い出す。また研究会の常連で、論集にも論考を載せている中村文氏も今はいない。お三方の冥福を心より祈りたい。

さて、筆者の論考についての反響も記しておかねばならない。論集『幕末の農民群像』について、『日本歴史』（四九六号、一九八九年九月）の「書評と紹介」欄で藤田覚氏が取り上げて、各論考について丁寧な紹介と寸評を書いておられるが、拙稿については、「千恵の半生をその父の『関口日記』の記事から抜きだすに留まっている」という評を頂戴した。筆者は、たしかに日記の引用によって千恵の行動を描くことに終始していたので、弁解の余地もなく、しばらくはこの方法を続けていくことになる。ただ筆者は、日記資料を扱う場合、いつも抜き書きに留まっていたわけではない。同じ時期に書いた「幕末庶民の贈答と交際」（大口一九八九）という論考では、『関口日記』から関口家の年始・歳暮の贈答、法事や見舞いの贈答を分析し、贈答における「同量の原則」とともに、不同量の場合の交際関係を、村民同士の場合、農村と都市の場合に分けて明らかにしたことがあり、仮説、分析、結論のスタイルをとっている。論文に一定の仮説が必要なことはたしかであるが、仮説が筆者の思い込みになってはいけない。農民女性の一生という未知の領域のなかで仮説を立てることはむずかしかったのである。千恵の行動も、はじめは父親の掌の上で踊っているのではないかと思っていたが、丁寧に読んでいくと、ある時点から父親にそむいても自分の道を歩むようになり、父親も自分の思い通りにならない娘に不満を持ちつつも、大きなまなざしで包容していくプロセスが、淡々とした日記の叙述から見えてきたように思う。書き終えた今もなお、「抜き出すに留まった」作品なのか、という忸怩《じくじ》たる思いはあり、読者の判断を待つほかかない。

千恵の生涯を書いていたころは、勤務先の小さな大学で忙しい仕事に追われていたが、この仕事が一段落したころには定年退職の時期になり、当初からの懸案だった享二の江戸留学が宿題として残っていた。非常勤でお世話になった江戸東京博物館（以下、江戸博）では公開講演の機会を与えられたので、享二の江戸留学をテーマに語り、それをもとに江戸博の研究報告（紀要）に、論考を発表した（大口二〇〇二）。専任として勤めた大学では、教育をテーマの論文集に投稿を求められた機会に、享二の漢詩集について一文を書くことができた（大口二〇〇三b）。また享二の二度にわたる結婚と離婚についての論考を、大学の付属センターの紀要に書いたが（大口二〇〇六）、このテーマは、さらに考察を経なければ理解できない点が多いことがわかってきたので、本書には収載せずに、終章と巻末の年表に記載するに留めてある。

二度目の退職のころから、大学や地域の会合で講演を依頼される機会がふえたが、そこでは「千恵の生涯」をテーマに取り上げることが多くなった。そのたびに、ストーリーを組みかえたり、会場からの予想外の質問に答えたりするうちに、一般には手に入りにくい論集や紀要類に分散している論考を、一冊にまとめることを考えるようになった。むかし書いた文章に手を加えるのは容易なことではなかったが、本書の終章を書いたことで、何とか既発表の論文に脈絡をつけることができたように思う。

幕末の生麦村を撮ったという写真がある。英人殺傷事件の直後に写真家ベアトが現場跡を撮影した

文久頃の生麦村　横浜開港資料館所蔵

一枚というから場所にまちがいあるまい（横浜市歴史博物館二〇一二）。村の西端から関口家のある村の中心部を見通しており、この街道の遠い先は江戸に続いている。村の少女たちは、この道の先にある武家屋敷に奉公することを夢みていたが、その夢を描いたものが「娘諸芸出世双六」であった（カバー表）。最下段の「手習い子」からスタートし、踊りや三味線などの芸を身につけて、中段の「お目見へ」で御殿奉公に入り、いくつもの階《かい》梯《てい》を経て「上り」にいたる人生ゲームである（ウォルソール二〇〇一a）。このゲームを体現した千恵の一生を、どこまで描くことができたであろうか。

振り返ってみると、『関口日記』の分析でやり残した点が少なくない。特に、享二の後半の人生や、関口家の経営（地主・金融）については、まだまだ残した課題が多いことを感じている。豊富な資料が埋もれているので、若い研究者の挑戦が期待される。それについて一言加えれば、『関口日記』の刊本は、いま古本市場からもほとんど消えており、ぜひ入手したいという希望者が少なくない。同じような例として、多摩地方の名主日記「公私日記」があるが、立川市では、最初の翻刻から四十年の間をおいて、入念な校訂を施した新版を刊行し、地域の研究を盛り上げていると聞くので、『関口日記』にもそのような機会が訪れることを願っている。

終わるにあたって、千恵の生涯を書く機会を与えていただいた横浜開港資料館、特に早世された阿部氏に代わって、近世史研究と館蔵資料の閲覧の両面で、いつもお世話になっている現館長の西川武臣氏に感謝の意を表したい。

本書の出版については、千恵の江戸城勤務を紹介した論集『19世紀の世界と横浜』以来の縁で、山川出版社に引き受けていただくことができた。厚く御礼を申上げたい。

二〇一六年六月

大口　勇次郎

〔「山川セレクション」版補訂　二〇二四年十二月〕

参考文献

青木美智子　二〇〇一「近世後期・北関東における女性労働の特質とジェンダー―武州入間郡赤尾村林家の奉公人の分析を中心に―」大口勇次郎編『女の社会史―「家」とジェンダーを考える―』山川出版社

市川寛明　二〇一一「江戸における庶民のリテラシーとジェンダー―御殿奉公と庶民の教育熱―」『ジェンダー史叢書2巻　家族と教育』明石書店

ウォルソール、アン　二〇〇一a「江戸文化における大奥」『ジェンダー研究』4号、お茶の水女子大学ジェンダー研究センター

二〇〇一b「大奥―政治とジェンダーの比較史的考察―」桜井由幾・菅野則子・長野ひろ子編『ジェンダーで読み解く江戸時代』三省堂

内田四方蔵　一九七〇「『関口日記』と関東取締出役」『神奈川県史研究』24号

一九七一「関口日記の研究(一)」『郷土よこはま』61号

一九九三「武州生麦村大工忠五郎の生活」(横浜開港資料館・横浜近世史研究会一九九三)

一九九八「関東御取締出役と幕府代官の活動と村方の対応」(横浜開港資料館・横浜近世史研究会一九九八)

江戸東京たてもの園　一九九九『多摩の女性の武家奉公』（展示図録）
大口勇次郎　一九七五「林源次郎家の経営」北島正元編『製糸業の展開と構造』塙書房、のちに（大口二〇〇四）に収録
一九八二「北総地方の稲作生産」川村優編『論集　房総史研究』名著出版、のちに（大口二〇〇四）に収録
一九八八a「村の犯罪と関東取締出役」川村優先生還暦記念会編『近世の村と町』吉川弘文館、のちに（大口二〇〇一）に収録
一九八八b「天保七年『旧弊改革』と関東取締出役」『信濃』40巻3号、のちに（大口二〇〇一）に収録
一九八八c「近郊農村と江戸―生麦村関口千恵の半生から―」（横浜近世史研究会一九八八）、のちに『日本女性史論集6　女性の暮らしと労働』吉川弘文館、一九九八年に収録。本書第一章・第二章
一九八九「生活・文化の歴史―幕末庶民の贈答と交際―」板倉寿郎編『講座人間生活学』第4巻、垣内出版、のちに（大口二〇〇一）に収録
一九九〇「農民日記に見る女性像―生麦村関口お愛の娘時代―」『歴史評論』四七九号、のちに（大口一九九五）に収録

一九九二「近世庶民女性の財産」『比較家族史研究』6号、弘文堂、のちに(大口一九九五)に収録
一九九三「農村女性の江戸城大奥奉公—生麦村関口千恵の場合—」(横浜開港資料館・横浜近世史研究会一九九三)。本書第三章
一九九五『女性のいる近世』勁草書房
一九九八「『御殿伯母』関口千恵の生と死」(横浜開港資料館・横浜近世史研究会一九九八)。本書第四～第六章
二〇〇一『徳川時代の社会史』吉川弘文館
二〇〇二「江戸漢学塾の寄宿生活—関口享二の江戸体験—」『東京都江戸東京博物館研究報告』第8号
二〇〇三a「日本近世におけるデモクラシーとジェンダー」『歴史におけるデモクラシーと集会』専修大学出版会
二〇〇三b「江戸漢学塾の教育と漢詩—漢詩集「金水初稿」の背景—」『川並弘昭先生古稀記念論集　こどもと教育』聖徳大学出版会
二〇〇四『幕末農村構造の展開』名著刊行会
二〇〇六「江戸時代における農民家族の婚姻—武州生麦村・関口享二の場合—」聖徳大学『家

族問題相談研究』4号
二〇一四「幕末のジェンダー」『新体系日本史9　ジェンダー史』山川出版社
二〇一五「幕末維新期のリテラシーとジェンダー」『講座　明治維新9　明治維新と女性』有志舎
神奈川県立教育センター　一九七八『神奈川県教育史』通史編上巻、神奈川県弘済会
神奈川大学日本常民文化研究所　二〇一三『民具マンスリー』46巻7・8号
旧事諮問会　一九八六『旧事諮問録―江戸幕府役人の証言―上』岩波書店
国立歴史民俗博物館　二〇二一『新書版　性差の日本史』集英社
佐藤孝　一九八八「関口日記に見る一名主の明治維新」（横浜近世史研究会一九八八）
鈴木良明　一九九八「名主家の社寺参詣―天明～文化期を中心に―」（横浜開港資料館・横浜近世史研究会一九九八）
高木俊輔　二〇一三『近世農民日記の研究』塙書房
高木侃　一九八七『三くだり半―江戸の離婚と女性たち―』平凡社
竹内誠・深井雅海・松尾美恵子　二〇一五『徳川「大奥」事典』東京堂出版
東京都江戸東京博物館　二〇〇一『東京都江戸東京博物館資料目録　双六』
長島淳子　一九八六「近世後期における女性の行動の「自由」と家事労働」近世女性史研究会編『論集近世女性史』吉川弘文館、のち「幕末農村女性の行動の自由と家事労働―武州橘樹郡

生麦村『関口日記』を素材として―」と改題の上、永原和子編『日本家族史論集第2巻　家業と役割』吉川弘文館、二〇〇三年に収録、のちに(長島二〇〇六)に収録
二〇〇六『幕藩制社会のジェンダー構造』校倉書房
二〇一一「近世　嫁入り婚と小家族の展開」『歴史のなかの家族と結婚』森話社
西垣晴次　一九八五「『関口日記』にみえる幕末の生麦村」『横浜開港資料館紀要』3号
野村兼太郎　一九四〇「徳川時代の私塾生活―和気塾塾生日記―」『むかしと今と』ダイヤモンド社
畑尚子　一九九八「奥女中奉公について」『東京都江戸東京博物館研究報告』第3号
二〇〇九『徳川政権下の大奥と奥女中』岩波書店
久木幸男・三田さゆり　一九八一「19世紀前半江戸近郊農村における女子教育の一研究―武州生麦村『関口日記』から―」『横浜国立大学教育紀要』第21集
深井雅海　一九九五「江戸城本丸御殿図に見る中奥・表向・大奥(下)」徳川林政史研究所『研究紀要』29号
一九九六「江戸城本丸御殿図に見る中奥・表向・大奥(下の二)」徳川林政史研究所『研究紀要』30号
深沢秋男　一九八〇『井関隆子日記中巻』校注
増田淑美　一九九〇「吉野みちの生涯―その手紙を通して―」近世女性史研究会編『江戸時代の女性たち』吉川弘文館

松尾美恵子　一九九二「江戸幕府女中分限帳について」『学習院女子短期大学紀要』30号
三田村鳶魚　一九七六a『三田村鳶魚全集』第一巻、中央公論社
一九七六b『三田村鳶魚全集』第三巻、中央公論社
一九七六c『三田村鳶魚全集』第三巻、中央公論社
南和男　一九六九『江戸の社会構造』塙書房
村上直　一九七八「近世・増上寺領における『女学校発起之趣意書』について」『法政史学』30号
森芳枝　一九九四「幕末庶民の旅―関口享二の手紙と道中見聞記―」『郷土よこはま』125号
横浜開港資料館　一九八六『「名主日記」が語る幕末―武蔵国橘樹郡生麦村の関口家と日記―』
横浜開港資料館・横浜近世史研究会　一九九三『19世紀の世界と横浜』山川出版社
一九九八『日記が語る19世紀の横浜』山川出版社
横浜近世史研究会　一九八八『幕末の農民群像―東海道と江戸湾をめぐって―』横浜開港資料館
一九九八「『関口日記』と生麦村」（横浜開港資料館・横浜近世史研究会一九九八）
横浜市教育委員会　一九七六『横浜市教育史』上巻
横浜市歴史博物館　二〇一二『生麦事件と横浜の村々』（展示図録）

〔資料〕

『甲子夜話』1、松浦静山著、中村幸彦・中野三敏校訂、平凡社東洋文庫、一九七七
『旧高旧領取調帳　関東編』木村礎校訂、近藤出版社、一九六九
『新編武蔵風土記稿』3巻、蘆田伊人編輯、雄山閣(大日本地誌大系)、一九五七
『関口日記』1〜23、別巻1〜3、横浜市文化財研究調査会、一九七一〜八五
『武蔵田園簿』北島正元校訂、近藤出版社、一九七七
『柳営補任』第5巻、東京大学史料編纂所編纂、東京大学出版会、一九六五

関口千恵の関係年表（齢の欄は千恵の数え年）

和暦（西暦）年	齢	関口家のできごと
享保十六（一七三一）		祖父・藤助、生麦村関口次郎右衛門家の次男として生まれる
宝暦十三（一七六三）		藤助、村内の鍛冶屋源兵衛家の娘・利恵と結婚。分家して新しい家を興す
明和　元（一七六四）		父・東吾、藤助と利恵の長男として生まれる
寛政　四（一七九二）		十月、藤助、死去、享年六十二。東吾、家督を継ぎ、藤右衛門と名乗る
五（一七九三）		この年、父・藤右衛門、清水久保の岸谷七之助の娘・伊恵と結婚
七（一七九五）		七月七日、姉・しげ、生まれる
九（一七九七）	1	五月十四日、千恵、誕生。二十日、お七夜に命名。七月、藤右衛門、代官より生麦村の隔年名主を仰せ付けられる
十（一七九八）	2	正月、しげ、疱瘡に罹り、千恵にも伝染し発症する。二月、両人とも快癒し、見舞客ら二十人余に赤飯を配り内祝
十一（一七九九）	3	三月、千恵、母・伊恵と市ケ谷善助宅を訪問。十一月、千恵、三歳賀、産神参り

	十二(一八〇〇)	4	九月二十四日、妹・みつ(のちに、なみ、なか)出生
享和	二(一八〇二)	6	十二月一日、弟・享二(のちに、東作)出生
文化	三(一八〇六)	10	二月、千恵、祖母・利恵と江戸市ケ谷の善助宅を訪問。千恵は行儀見習いのため、同家に預けられる。十一月、千恵、一時帰宅
	四(一八〇七)	11	正月、千恵、善助宅へ戻る。五月四日、弟・可吉(のちに、大黒屋斉三郎)出生
	五(一八〇八)	12	四月、千恵、江戸麻布鷺森にある木下家(備中国足守藩)隠居屋敷へ奉公が決まる。御次小姓、雛吉と呼ばれる
	六(一八〇九)	13	九月、千恵、一時家に帰る 式亭三馬《しきていさんば》「浮世風呂《うきよぶろ》」初編刊行
	七(一八一〇)	14	三月、千恵、再度木下家へ奉公
	八(一八一一)	15	二月、千恵、木下家から宿下がり。新川の佃屋庄蔵宅で次の奉公先を探すも、見つからず、十二月、生麦村へ帰る
	九(一八一二)	16	二月、鶴見の翁屋叟蔵の世話で、江戸宇田川町の伊藤七右衛門より、千恵を養女に貰いたい旨の申し入れがある。四月、伊藤家より結納品が届く。五月、千恵、宇田川町の伊藤家へ行き、直ちに三河町の小笠原相模守(越前勝山藩)の屋敷へ奉公に行く。七月、享二、江戸築地小田原町にある和気行蔵(柳斎)の漢学

十（一八一三）	17	塾に入門する。師匠の随身弟子を勤める 二月、三河町で出火、小笠原家の藩邸も類焼し、藤右衛門は火事見舞いに行く。 三月、姉・しげ、鶴見村名主家の息子六郎右衛門と結婚。閏十一月、千恵、小笠原家から突然宿下がり。伊藤家との養女縁組も解消する
十一（一八一四）	18	四月、地誌調役人、生麦に来村 六月、千恵、祖母・利恵らと箱根温泉に湯治旅行、十二日間逗留する。十月、山田屋惣八の世話で、日本橋通り油町松坂屋弥助と、浅草観音の奥山茶屋で見合い。不首尾に終わる
十二（一八一五）	19	三月、山田屋惣八の紹介で、両国若松町の川村喜兵衛が来訪、息子の嫁に千恵をほしいと縁談の申し入れ。四月、結納書を受け取る。同月、千恵、両国川村家で、喜兵衛惣領の松五郎と婚礼を挙げる。媒酌人は日本橋富沢町の古着屋山田惣八。五月、生麦村関口家で、里開き。来訪者は、松五郎と母親、妹、媒酌人
十四（一八一七）	21	十二月、関口家より川村家へ米九俵預ける
文政 元（一八一八）	22	正月、享二、独力で元服式を行う。二月より、享二、築地の寄宿舎から、丹羽好徹の医学塾へ通う。この年、享二、漢詩集「金水初稿」を出版

二（一八一九）	23	四月、千恵、夫・松五郎、姉・しげと一緒に、小田原へ観正上人の説教を聞きに行く。七月、千恵、出産のため駕籠で川村家から生麦村へ帰る。八月七日暁、男子出生。八月八日、出産の知らせで松五郎、赤児を見にくる。八月十六日、川村家からの手紙で、松五郎が痢病を発症し病床にあること、子供は竹次郎と命名することを告げられる。十月二日、千恵と竹次郎、母親・伊恵が付き添い、駕籠で川村家へ帰る。十月九日、松五郎死去。十一日葬儀。藤右衛門、享二、しげの夫・六郎右衛門が参列
三（一八二〇）	24	三月、享二、和気行蔵の漢学塾を退塾し、生麦村へ帰る
四（一八二一）	25	三月、川村喜兵衛、娘・さと、千恵、竹次郎、関口家を訪れる。四月、川村家の米代金、関口への支払いが二十両余、滞る
		この年、千恵、川村家次男、長次郎と再婚
五（一八二二）	26	十一月、享二、加瀬村りつと結婚、披露の席に千恵と長次郎出席。十二月、享二離縁
六（一八二三）	27	四月、享二、代官より、生麦村名主見習を命ぜられる
七（一八二四）	28	三月、享二、登戸村なると再婚、披露の席に千恵と長次郎出席
九（一八二六）	30	三月、千恵、生麦村へ久しぶりに帰る。姉・しげと墓参。九月、母・伊恵、川

		村家を訪ね、千恵と二十日間を過ごす。十月、弟・可吉、千恵の許から夜具、本箱などを生麦村へ運ぶ
十(一八二七)	31	二月、藤右衛門、川村家を訪れ相談のうえ、千恵宛ての離縁状を受け取る。同月、千恵、川村家を出て、神田多町の源兵衛を頼る。この年、千恵、源兵衛の友人、武蔵屋与四郎の世話で、駿河台の旗本中野清茂(石翁)の屋敷に奉公 十月、美代の娘溶姫、加賀藩に嫁す
十一(一八二八)	32	三月、江戸城大奥の中臈・お美代の方の部屋子としての奉公が決まる。お延と呼ばれる
十二(一八二九)	33	正月、享二、なると離縁
天保元(一八三〇)	34	七月、享二、大坂御番組頭の難波田八右衛門の供として大坂へ行く
二(一八三一)	35	九月、享二、神奈川宿青木町の廻船問屋紀伊国屋三郎兵衛の妹・とくと再々婚
三(一八三二)	36	正月、千恵、江戸城より、祖母・利恵のために「御膳の残り」を送る。三月、祖母・利恵、死去、享年九十
四(一八三三)	37	二月九日、享二改め東作の長男、生まれる。梅二(のちに、満作、東右衛門)
六(一八三五)	39	八月二十日、東作の長女、生まれる。愛(のちに、まち)。九月二十三日、千恵、宿下がり、一時生麦村へ帰る。十月六日、江戸城へ戻る

八（一八三七）	41	三月、母・伊恵、出府。源兵衛妻・沢と一緒に江戸城大奥の雛人形を拝観する。五月、将軍家斉、家督を家慶に譲り西丸に移る。お美代部屋も西丸へ移転
九（一八三八）	42	藤右衛門、家督を長男・東作へ譲る 三月、西丸焼失
十（一八三九）	43	八月、千恵、大奥から「長の御暇」、退職。生麦村へ帰る 十月、千恵、餞別の御礼のため母・伊恵と一緒に第一回目（大奥退職後からの回数、以下同じ）の出府。母は帰村するも、千恵はお美代部屋に泊まり続ける
十一（一八四〇）	44	三月、千恵、帰村。四月、小石川春日町れん、千恵の縁談の件で来訪。相手は二百俵取りの旗本、表御台所頭の山本昌介。父・藤右衛門は承諾するも、千恵は不承知 四月二十九日、千恵、第二回目の出府、山口屋へ寄り、亨二と一緒にれん宅へ断りに行く。五月十五日、帰村。在府十六日。同月二十日、中野石翁、箱根行きの途中、生麦村を通行、千恵も接待する。同月二十五日、千恵、第三回目の出府、七月十六日帰村。九月八日、千恵、弟・可吉と川崎大師へ参詣。十二月十日、千恵、第四回目の出府
十二（一八四一）	45	閏正月、家斉死去。お美代部屋が二の丸へ移り、お美代の方は専行院を名乗り、

		お局のひわは久尾と改名。閏一月三十日、千恵、帰村。四月三日、千恵、第五回目の出府。はじめ西丸へ行き、帰りは二の丸より帰る。在府一〇五日。八月三日、千恵、第六回目の出府。同月二十八日帰村 十月、千恵、父・藤右衛門から「譲地証書」を受け取る
十三(一八四二)	46	二月、千恵、歯痛から始まり胸、肩、背中の痛み激しく、発熱し臥す。小林医師の診察で煎薬。浅間社の護摩焚きと守り札を貰う。四月、千恵床上げ、見舞客に赤飯配る。五月、江戸城の久尾から見舞い品を贈られる
十四(一八四三)	47	三月六日、千恵、第七回目の出府。四月四日、帰村。五月九日、第八回目の出府。千恵の奔走で、姪・りえ(大黒屋可吉の娘)は西丸への奉公が決まるが、八月に発病、退職す。九月九日、千恵、帰村。在府一二〇日。閏九月二十九日、第九回目の出府 この年、父・藤右衛門、八十歳を迎え「孝行萌草《こうこうめばえぐさ》」を出版する
弘化　元(一八四四)	48	正月十四日、千恵、帰村。在府一〇五日。五月十一日、第十回目の出府、石翁三回忌の墓参。六月二十七日、帰村。九月五日、妹・なみ(みつ改め)死去。享年四十五。十二月十一日、千恵、第十一回目の出府
二(一八四五)	49	五月五日、帰村。在府一四五日

三(一八四六)	50	四月?、千恵、第十二回目の出府。五月十七日帰村。閏五月二十二日、第十三回目の出府。帰村日は不明
四(一八四七)	51	三月三十日、千恵、第十四回目の出府。八月二十七日、帰村。在府一四八日。十月二日、第十五回目の出府。十一月二日、帰村
嘉永 元(一八四八)	52	四月十四日、千恵、第十六回目の出府。帰村日は不明。この年、姉・しげ死去。享年五十四
二(一八四九)	53	正月四日、父・藤右衛門、死去、享年八十六。三月、千恵、東作や姪・愛と一緒に潮干狩りに行く。五月、しげ一周忌、東作、満作、愛、斉三郎(可吉改め)と共に墓参。五月二十六日、千恵、第十七回目の出府。八月二十日、帰村。九月十二日、千恵、第十八回目の出府。帰村日は不明
三(一八五〇)	54	九月二十六日、千恵、第十九回目の出府
四(一八五一)	55	正月二十七日、二の丸滞在中の千恵、出府した享二に呼び出され、姪・愛の衣服購入に付き相談を受ける。二月二日、千恵、帰村。在府一二七日。九月十一日、千恵、伊恵と片瀬参詣
五(一八五二)	56	三月五日、千恵、第二十回目の出府。十月二十七日、帰村。在府二三二日
六(一八五三)	57	六月、ペリー艦隊来航

			八月四日、大黒屋斉三郎、死去、享年四十七
安政	三(一八五六)	60	四月三十日、千恵、第二十一回目の出府。九月八日、帰村。在府一二九日
	四(一八五七)	61	七月一日、千恵、第二十二回目の出府。帰村日は不明
	五(一八五八)	62	五月五日、千恵、第二十三回目の出府。八月十八日、帰村。在府一〇三日。九月六日、千恵、第二十四回目の出府。十二月十一日、帰村
万延	元(一八六〇)	64	二月、生麦村、神奈川奉行所の預り所となる
文久	元(一八六一)	65	五月二十六日、千恵、第二十五回目の出府。六月十九日、帰村
			十月三日、母・伊恵、死去、享年八十六
	二(一八六二)	66	二月二十八日、千恵、第二十六回目の出府、姪・まち、大奥雛の拝観。七月六日、帰村。在府一二八日
			八月二十一日、東海道を乗馬の英国人、生麦村で殺傷される(生麦事件)
			十二月二日、東作、死去、享年六十一
	三(一八六三)	67	三月、列強による艦砲射撃の心配から、関口家は内陸に家を借りて千恵ら一時疎開
元治	元(一八六四)	68	三月、千恵、第二十七回目最後の出府、体調不良のため山口屋で休養、六月十三日に帰村。在府九十四日

慶応　元（一八六五）	69	六月二十一日、千恵、村の慶岸寺にてご開帳の高野山の宝物を拝観。八月四日、千恵、神奈川宿大黒屋へ出かけ、三日間逗留 九月十日、千恵、数日前より時候当りで臥せていたが、この日夕刻、死去、享年六十九。九月十三日、葬儀。十六日、客を招き初七日の斎。十月十四日、千恵の三十五日忌、形見分けを行う。久尾に茶碗、姪・まちに小袖など 千恵の戒名「知孝院妙恵日唱信女」安養寺

関口家略系図

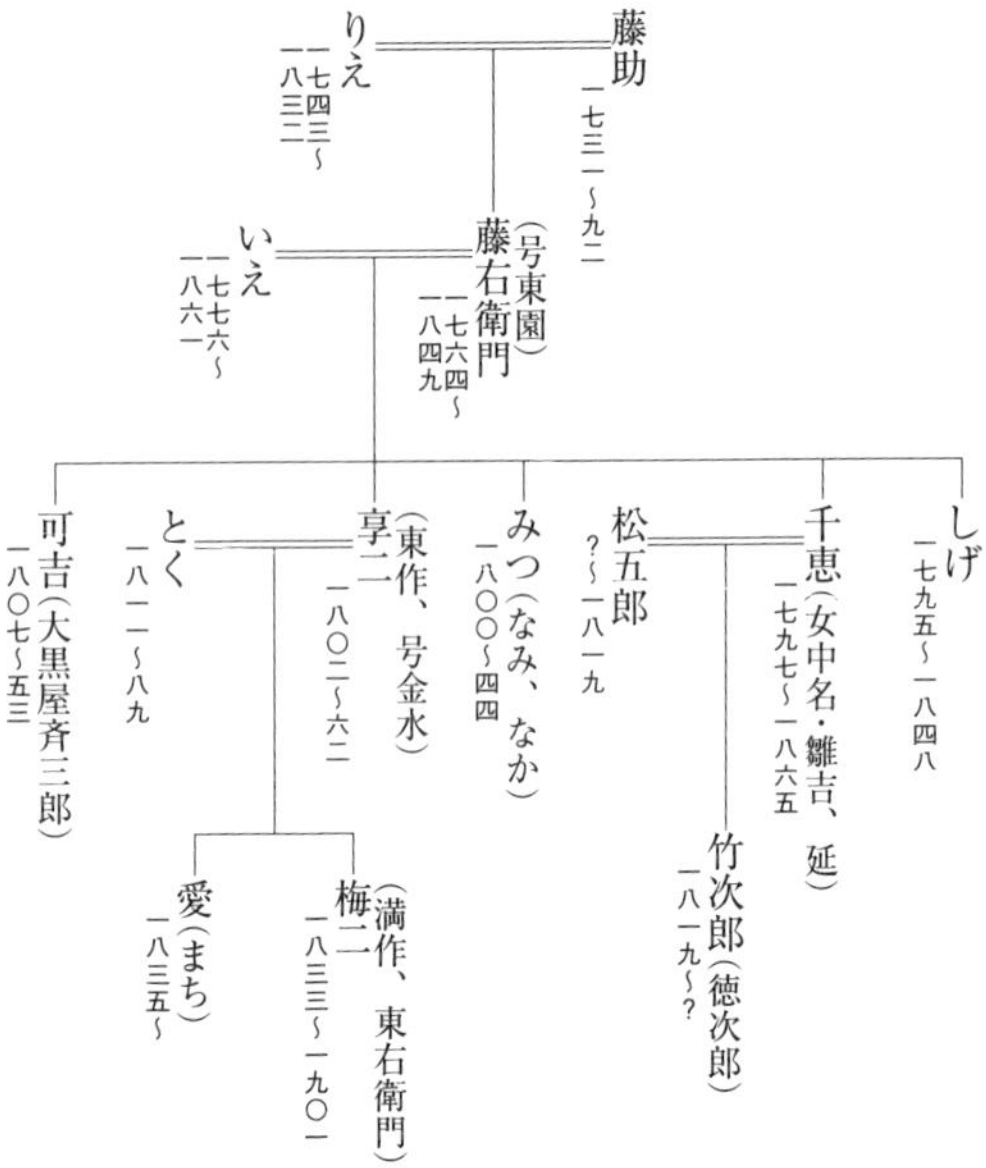

しげ　文化10(1813)年，鶴見村六郎右衛門と結婚
千恵　文化12(1815)年，両国若松町川村松五郎と結婚，文政２(1819)年死別
　　　文政４(1821)年，松五郎の弟長次郎と再婚，文政10(1827)年離別
みつ　文政２(1819)年，三田綱町竹山三郎兵衛と結婚，天保５(1834)年離別
　　　天保７(1836)年，馬喰町山口屋藤兵衛と再婚
享二　文政５(1822)年，加瀬村りつと結婚，同年離別
　　　文政７(1824)年，登戸村なると再婚，同12(1829)年離別
　　　天保２(1831)年，神奈川宿青木町紀伊国屋三郎兵衛の妹とくと再々婚
可吉　文政10(1827)年，神奈川宿大黒屋に婿入りして，娘いのと結婚
梅二　安政２(1855)年，北町長谷川勘四郎の娘たえと結婚
愛　　嘉永４(1851)年，戸塚宿内山保太郎と結婚

関口家関係地図

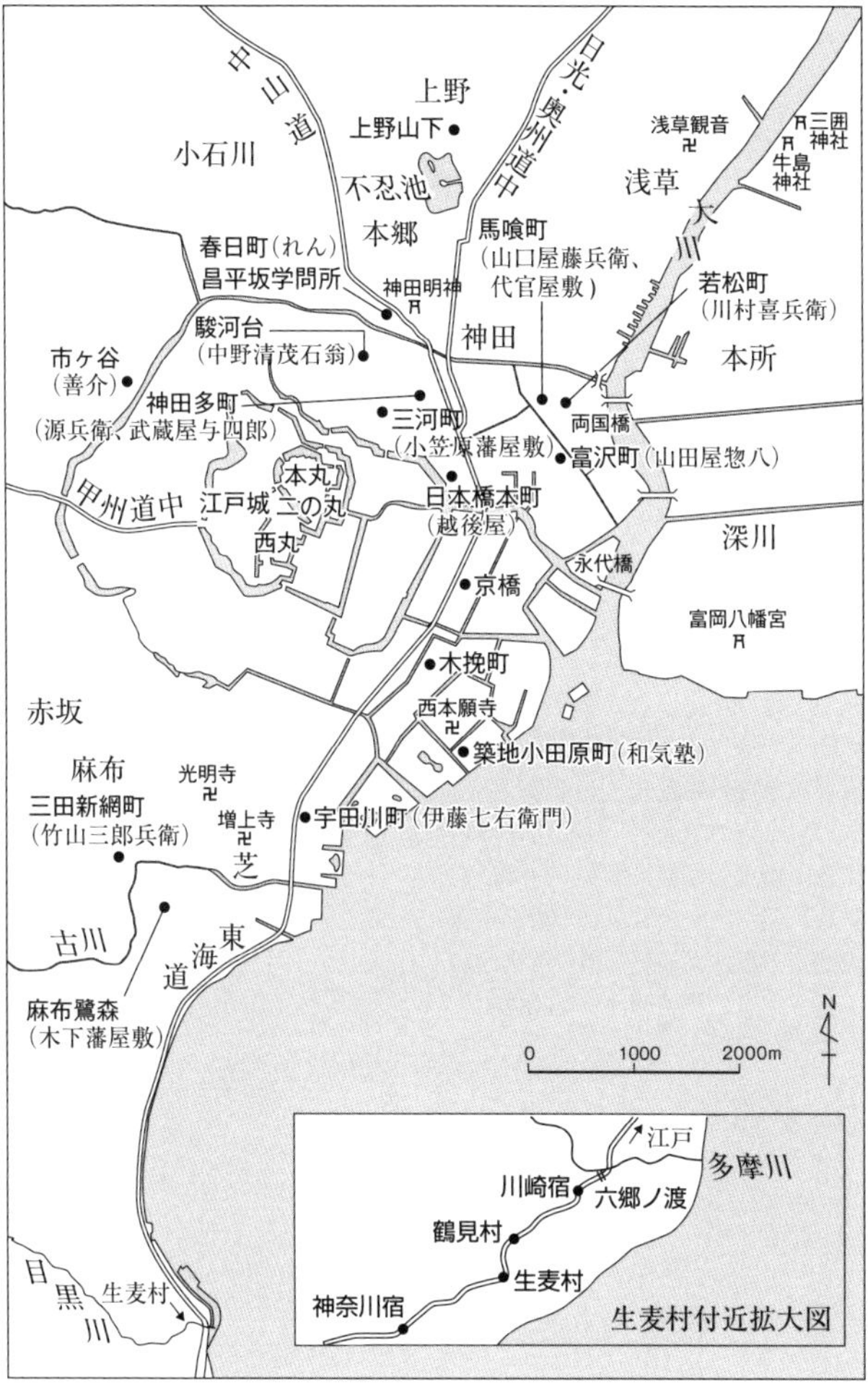

中山道
上野
上野山下
小石川
不忍池
本郷
日光・奥州道中
浅草観音
三囲神社
牛島神社
浅草
大川
春日町(れん)
昌平坂学問所
神田明神
馬喰町
(山口屋藤兵衛、代官屋敷)
若松町
(川村喜兵衛)
駿河台
(中野清茂石翁)
神田
本所
市ヶ谷
(善介)
神田多町
(源兵衛、武蔵屋与四郎)
三河町
(小笠原藩屋敷)
両国橋
富沢町(山田屋惣八)
本丸
甲州道中
江戸城
二の丸
日本橋本町
(越後屋)
西丸
深川
永代橋
京橋
富岡八幡宮
木挽町
赤坂
西本願寺
築地小田原町(和気塾)
麻布
光明寺
三田新網町
(竹山三郎兵衛)
増上寺
宇田川町(伊藤七右衛門)
芝
古川
東海道
麻布鷺森
(木下藩屋敷)
N
0
1000
2000m
江戸
多摩川
川崎宿
六郷ノ渡
鶴見村
生麦村
神奈川宿
生麦村付近拡大図
目黒川
生麦村

図・表一覧

『江戸城大奥をめざす村の娘　生麦村関口千恵の生涯』
二〇一六年七月　山川出版社刊

執筆者紹介

大口 勇次郎　おおぐち　ゆうじろう
1935年，東京に生まれる
1964年，東京大学大学院人文科学研究科博士課程単位取得退学，その後，東京大学助手，お茶の水女子大学教授，聖徳大学教授を経て，現在，お茶の水女子大学名誉教授
主要著書：『女性のいる近世史』(勁草書房 1995)，『女の社会史』(編著，山川出版社 2001)，『徳川時代の社会史』(吉川弘文館 2001)，『幕末農村構造の展開』(名著刊行会 2004)，『日本史リブレット人066 勝小吉と勝海舟』(山川出版社 2013)，『新体系日本史9　ジェンダー史』(共編著，山川出版社 2014)，『徳川幕府財政史の研究』(研文出版 2020)

YAMAKAWA SELECTION

江戸城《えどじょう》 大奥《おおおく》をめざす村《むら》の娘《むすめ》
生麦村関口千恵《なまむぎむらせきぐちちえ》の生涯《しょうがい》

2025年4月20日　第1版1刷　印刷
2025年4月25日　第1版1刷　発行

著者　大口勇次郎《おおぐちゆうじろう》

発行者　野澤武史

発行所　株式会社山川出版社
〒101-0047 東京都千代田区内神田1-13-13
電話03(3293)8131(営業)8134(編集)
https://www.yamakawa.co.jp/

印刷所　株式会社太平印刷社

製本所　株式会社ブロケード
装幀　水戸部功

ISBN978-4-634-42420-3